BIOTHÈQUE UTILE

Fr. Paulhan

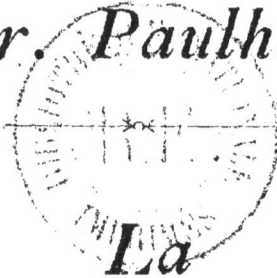

La

Physiologie
de l'Esprit

Cinquième édition

FÉLIX ALCAN ÉDITEUR

108, Boulevard St-Germain
PARIS

BIBLIOTHÈQUE UTILE

Élégants volumes in-32 de 192 pages chacun.

Chaque volume broché, **60** *cent.*

Acloque (A.). Les insectes nuisibles, ravages, moyens de destruction (avec fig.).

Amigues (E.). A travers le ciel.

Bastide. Les guerres de la Réforme. 5e édit.

Beauregard (H.). Zoologie générale (avec fig.).

Bellet. (D.). Les grands ports maritimes de commerce (avec fig.).

Berget (Adrien.) La viticulture nouvelle. (*Manuel du vigneron.*) 3e éd.

— La pratique des vins. 2e éd. (*Guide du récoltant*).

— Les vins de France. (*Manuel du consommateur.*)

Bère. Histoire de l'armée française.

Blerzy. Torrents, fleuves et canaux de la France. 3e édit.

— Les colonies anglaises. 2e édit.

Boillot. Les entretiens de Fontenelle sur la pluralité des mondes.

Bondois. (P). L'Europe contemporaine (1789-1879). 2e édit.

Bouant. Les principaux faits de la chimie (avec fig.).

— Hist. de l'eau (avec fig.).

Brothier. Histoire de la terre. 9e éd.

Buchez. Histoire de la formation de la nationalité française.

   I. *Les Mérovingiens.* 6e éd. 1 v.
   II. *Les Carlovingiens.* 2e éd. 1 v.

Carnot. Révolution française. 7e éd.

   I. *Période de création*, 1789-1792.
   II. *Période de défense*, 1792-1804.

Catalan. Notions d'astronomie. 6e édit. (avec fig.).

Collas et Driault. Histoire de l'empire ottoman jusqu'à la révolution de 1909. 4e édit.

Collier. Premiers principes des beaux-arts (avec fig.).

Coste (A.). La richesse et le bonheur.

— Alcoolisme ou épargne. 6e édit.

Combes (L.). La Grèce ancienne. 4e édit.

Coupin (H.). La vie dans les mers (avec fig.).

Creighton. Histoire romaine.

Cruveilhier. Hygiène générale. 9e édit.

Dallet. La navigation aérienne (avec fig.).

Debidour (A.) Histoire des rapports de l'Eglise et de l'Etat en France (1789-1871). Abrégé par Dubois et Sarthou.

Despois (Eug.). Révolution d'Angleterre. (1603-1688). 4e édit.

Doneaud (Alfred). Histoire de la marine française. 4e éd.

— Histoire contemporaine de la Prusse. 2e édit.

Dufour. Petit dictionnaire des falsifications. 4e édit.

Enfantin. La vie éternelle, passée, présente, future. 6e éd.

Ferrière. Le darwinisme. 9e éd.

Gaffarel (Paul). Les frontières françaises et leur défense. 2e édit.

Gastineau (B.). Les génies de la science et de l'industrie. 3e éd.

Geikie. La géologie (avec fig.). 5e édit.

Genevoix (F.). Les procédés industriels.

— Les Matières premières.

Gérardin. Botanique générale (avec fig.).

Girard de Rialle. Les peuples de l'Asie et de l'Europe.

Gossin (H.). La machine à vapeur. Histoire — emploi. (avec fig.)

Grove. Continents et océans, avec fig. 3e éd.

LA
PHYSIOLOGIE
DE L'ESPRIT

PAR

FR. PAULHAN

CINQUIÈME ÉDITION ENTIÈREMENT REFONDUE

AVEC 14 GRAVURES DANS LE TEXTE

PARIS

FÉLIX ALCAN, ÉDITEUR

108, BOULEVARD SAINT-GERMAIN, 108

—

FÉLIX ALCAN, ÉDITEUR

108, BOULEVARD SAINT-GERMAIN, PARIS, 6e

BIBLIOTHÈQUE UTILE
Volumes petit in-16, brochés, 60 centimes.

EXTRAIT DU CATALOGUE

L'Origine du Langage, par ZABOROWSKI. 7e édition.
Physiologie de l'Esprit, par PAULHAN (avec grav.). 6e édition.
L'homme est-il libre ? par RENARD. 6e édition.
La Philosophie positive, par le Dr ROBINET. 4e édition.
La Vie éternelle, par ENFANTIN. 6e édition.
Voltaire et Rousseau, par NOEL. 5e édition.

AUTRES OUVRAGES DE M. F. PAULHAN

BIBLIOTHÈQUE DE PHILOSOPHIE CONTEMPORAINE

L'Activité mentale et les Éléments de l'Esprit. 1 vol. in-8 (*Épuisé*).
Les Types intellectuels, Esprits logiques et Esprits faux. 1 vol. in-8 .... (*Épuisé*).
Les Caractères. 2e édition revue. 1 vol. in-8 .... 5 fr. »
La Fonction de la Mémoire et le Souvenir affectif. 1 volume in-18 .... 2 fr. 50
Psychologie de l'Invention. 1 vol. in-18 .... 2 fr. 50
Les Phénomènes affectifs et les Lois de leur apparition. Essai de psychologie générale (2e édition). 1 vol. in-18 .... 2 fr. 50
Joseph de Maistre et sa Philosophie. 1 vol. in-18.... (*Épuisé*)
Analystes et Esprits synthétiques. 1 vol. in-18........ 2 fr. 50
Les Mensonges du Caractère. 1 vol. in-8 .... 5 fr. »
Le Mensonge de l'Art. 1 vol. in-8 .... 5 fr. »
Le Nouveau Mysticisme. 1 vol. in-16 .... 2 fr. 50
La Morale de l'Ironie. 1 vol. in-16 .... 2 fr. 50

1647-09. — Coulommiers. Imp. PAUL BRODARD. — 12-09.

LA
PHYSIOLOGIE DE L'ESPRIT

INTRODUCTION

Il y a plus de deux mille ans, Socrate recommandait à ses disciples, comme la plus importante des connaissances, la science de l'homme intellectuel et moral. Les origines de la psychologie sont donc fort anciennes, bien que son nom ne remonte qu'à la fin du xvie siècle ; mais c'est de nos jours seulement qu'elle a pu être considérée comme une branche distincte du savoir humain, qu'elle a conquis sa place dans l'ensemble des sciences.

Il y a peu d'années on la rattachait très étroitement à la métaphysique. On appelle psychologie, dit le *Dictionnaire des sciences philosophiques*, « cette partie de la philosophie qui a pour objet la connaissance de l'âme et de ses facultés considérées en elle-mêmes et étudiées par le seul moyen de la conscience ». Aujourd'hui nous n'admettons plus que la psychologie soit une partie de la philosophie, ni qu'elle s'occupe spécialement de l'âme et de ses facultés considérées en elles-mêmes, ni qu'elle les étudie par le seul moyen de la conscience. Sans se détruire, l'ancienne conception a subi depuis trente ans environ une évolution qui l'a profondément modifiée.

La psychologie est maintenant la science des phénomènes et des lois de l'esprit humain. Elle a renoncé, au moins en principe, aux hypothèses métaphysiques, elle ne se demande plus si l'âme est une substance spirituelle. La philosophie, à l'origine, englobait toutes les sciences ; les mathématiques d'abord, puis, longtemps après, la physique, s'en sont détachées. En même temps, d'autre sciences, les sciences biologiques, par exemple, naissaient des observations que suggérait la pratique et des conceptions des philosophes. Peu à peu le savoir positif s'est organisé, développé, affranchi des hypothèses générales sur la nature du monde. La constitution en sciences indépendantes de la psychologie et de la sociologie, les plus complexes des sciences, les plus lentes à se former, vient à peine de s'accomplir ou se poursuit encore. Cela est un profit pour la connaissance scientifique, qui devient par là plus précise et plus sûre, mais cela est un profit pour la philosophie, qui se précise aussi, et dont le domaine devient plus distinct. « Son incohérence actuelle, écrivait M. Ribot il y a vingt-cinq ans, paraît tenir à ce qu'elle contient, outre la science générale, des sciences particu-

lières qui sont regardées comme une partie intégrante d'elle-même ». La psychologie et la sociologie, en se séparant d'elle, la débarrassent ainsi
de questions parasites. D'autre part elles lui faci-
literont sa tâche, en apportant à la synthèse
générale, objet de la philosophie, les matériaux
qu'elles auront amassés et dégrossis.

Quels seront ces matériaux, et comment ils
devront être employés, c'est ce que je n'ai pas à
rechercher ici, mais il faut bien faire remarquer
que l'importance philosophique de la psychologie
est particulièrement grande, — de même que
celle de la sociologie. La psychologie, étudiant
l'esprit humain, étudie à la fois l'instrument qui
produit les systèmes philosophiques et une partie
des matériaux qui servent à les construire. Les
autres sciences n'examinent qu'une partie plus ou
moins distincte, plus ou moins importante de ces
matériaux. C'est là une considération importante. Il
est impossible que l'application des lois de la psychologie, en nous permettant de comprendre l'origine des théories philosophiques et des croyances
religieuses, ne permette pas de se faire, du même
coup, et dans une certaine mesure au moins, une
opinion sur leur valeur. L'analyse et la critique
de l'idée de substance, l'étude des formes inférieures et du développement de la croyance à
l'âme, l'examen des faits de télépathie ou de spi-
ritisme, permettent de nous faire une opinion sur
l'âme spirituelle, en montrant ce que valent les
raisons qui ont amené les hommes à croire à sa
réalité, en marquant les doutes et les réserves, les
interprétations possibles ou vraisemblables des

phénomènes, et même en nous présentant les différentes façons non seulement de résoudre le problème, mais aussi de le comprendre et de le poser.

En tant que science, la psychologie a pour objet l'esprit humain. De même que les sciences physiques et naturelles s'occupent des phénomènes du monde matériel, les décrivent et en recherchent les lois, la science mentale décrira les phénomènes du monde moral et s'appliquera à trouver les lois qui les régissent. Il ne peut être question pour elle de considérer l'âme et ses facultés comme des êtres métaphysiques, pas plus que pour la physique de s'occuper de la matière « en soi ». Des faits, des groupes de faits, et des lois abstraites de ces faits, de ces groupes, et exprimant leurs rapports divers, voilà tout ce qui la regarde en tant que science, avec les réserves que comporte ce que je viens de dire sur la portée philosophique de la science mentale.

Mais, ceci dit, l'étude de l'esprit, de l'âme n'en demeure pas moins l'objet essentiel de la psychologie. Et nous pourrons la distinguer par là des sciences voisines, la biologie et la science sociale. On a cru qu'on pourrait séparer la psychologie de la physiologie en se fondant sur la différence entre l'observation par les sens, la vue, le tact, l'odorat, qui nous font connaître les phénomènes physiologiques, et l'observation par la conscience, le sens intime, qui nous révèle les phénomènes de l'esprit. Tout phénomène observé par le sens intime rentrerait dans la psychologie avec les phénomènes physiologiques qui l'accompagnent. Mais c'est là une distinction insuffisante et, à mon avis, difficile à maintenir. Il est toute une portion de la vie psychologique qui demeure inconsciente, que le sens intime est impuissant à nous faire connaître. Certains faits connus par le sens intime, comme nos sensations, appartiennent autant à la physiologie qu'à la science de l'esprit. Enfin d'autres faits tantôt s'accompagnent de conscience et tantôt demeurent inconscients, ce qui les ferait, pour des raisons peu importantes, passer souvent d'une science à l'autre. D'autre part, la différence des moyens d'observation n'est pas un très bon moyen de séparer deux sciences, et la distinction qui s'établirait ainsi entre la physiologie et la psychologie ne rappellerait en rien celle qu'on peut faire entre la chimie et la biologie, ou bien entre la psychologie et la science sociale. Il vaut mieux, à tous égards faire ici une nouvelle application du principe de complexité croissante. De même que les phénomènes qui composent la matière de la physiologie sont des ensembles de phénomènes physico-chimiques, de même nous considérons les phénomènes psychologiques comme formés par des ensembles de phénomènes physiologiques. Les sensations, les perceptions, les images, les idées mêmes, les émotions, prises en elles-mêmes, sont des phénomènes d'ordre physiologique, qu'on les étudie par le sens intime ou par n'importe quel autre procédé. Ou plutôt formeraient-ils, en donnant au mot un sens différent de celui qu'il reçoit d'habitude, une sorte de science mixte, la psycho-physiologie (analogue à la chimie biologique). La

psychologie proprement dite étudierait surtout la
manière dont les idées, les images et les émotions se combinent pour constituer cette unité
agissante et vivante qu'est l'esprit de l'homme.
L'esprit de l'homme, synthèse et système dont les
éléments sont les phénomènes intellectuels et
affectifs, les perceptions, les idées, les sentiments, voilà le véritable objet de la psychologie;
il faut y ajouter les principales tendances qui le
constituent et qui sont, elles aussi, des composés
ltrès compliqués. ¡A mesure qu'on marche vers
l'élément simple, on se rapproche de la physiologie. Inversement, à mesure qu'on étudie les
influences des individus, des esprits les uns sur
les autres, on marche vers la sociologie, qui est
la science des groupements d'âmes et de leur
diverses relations. La psychologie proprement
dite, entre les deux, étudie surtout l'individu dans
ses relations avec son milieu physique ou moral,
et dans les aptitudes qui lui permettent d'établir
ces relations.

La nature de la psychologie est indépendante
de l'instrument dont on se sert pour étudier l'esprit. Aussi les recherches psychologiques peu-
vent-elles prendre des formes très diverses, très
variées. La conscience, avons-nous dit, ne peut
suffire au psychologue. Son rôle est extrêmement
important, mais elle ne peut ni être l'unique
moyen employé, ni même indiquer toujours le
but poursuivi. Si, par exemple, le psychologue
étudie le sentiment religieux, il est clair que la
perception plus directe de ce sentiment en lui-
même, ou l'induction qui permet de comprendre,

par analogie, les impressions analogues éprouvées par d'autres sont des auxiliaires précieux de sa recherche. Mais en somme il ne lui importe pas tant d'arriver à restituer le sentiment religieux tel que le donne ou que peut le donner la perception interne, que d'arriver à reconnaître vers quelles grandes catégories d'actes pousse, en général, ce sentiment, quels sont les éléments dont il se compose et les causes qui le font naître ou qui l'affaiblissent, quelle est sa place dans la vie de l'individu et comment il se développe et se transmet. Chercher son rôle dans la vie des peuples est plutôt l'affaire du sociologiste. Mais l'œuvre de celui-ci nous fait mieux comprendre celle du psychologue. Le sociologiste se soucie peu des émotions, des idées subjectives prises en elle-mêmes ; elles ne l'intéressent que comme moyens d'arriver à comprendre leur influence dans l'existence sociale, et de même elles intéressent surtout le psychologue en tant qu'elles lui permettent d'arriver à comprendre la nature et l'influence dans la vie individuelle de ce composé très complexe qui s'appelle le sentiment religieux. La psychologie étudie ou doit étudier les tendances plus que les phénomènes, et lorsqu'elle considère ceux-ci, ce doit être surtout pour arriver jusqu'à celles-là.

Avec ces réserves, nous devons reconnaître l'extrême importance du sens intime pour l'étude de la psychologie. C'est l'expérience intime dont la nature et les différentes formes n'ont été d'ailleurs étudiées encore que d'une manière insuffisante qui nous renseigne surtout sur notre vie psychologique, qui nous apprend en général si nous aimons ou si nous haïssons, si nous souffrons ou si nous jouissons, si nous avons le désir de manger ou de visiter un musée, de travailler ou de flâner. Elle nous trompe souvent, et tel s'imagine être généreux qui ne donne qu'à regret. Parfois nous sommes avertis par des signes extérieurs que nous avons été induits en erreur par elle sur la nature de nos impressions intimes. Elle n'en est pas moins le principal instrument du psychologue, il ne s'agit pour lui que de l'employer convenablement.

Il est bien sûr d'ailleurs que si la conscience nous est nécessaire, elle ne saurait nous suffire. Elle ne se suffit pas à elle-même. Je veux dire que pour arriver à supposer, avec plus ou moins de vraisemblance, certains faits de conscience, il nous faut avoir recours aux sens. En effet, ma conscience me fait à peu près connaître mes sentiments et mes idées, elle ne me renseigne pas sur les sentiments et les idées d'autrui. Si nous arrivons à nous les représenter, c'est en nous servant évidemment des données de notre propre conscience, mais en interprétant avec elles ce que nous fournissent nos sens, tel geste, tel mouvement involontaire ou voulu, telle contraction des muscles du visage, etc. Comprendre même les sentiments directement exprimés par la parole, c'est, essentiellement, pour nous, évoquer des représentations de faits affectifs, connus par le sens intime, en partant d'une perception auditive, la perception des mot prononcés par la personne qui parle, et en nous aidant, parfois, des perceptions visuelles de ses gestes, de l'expression de ses yeux, des mouvements des muscles de son visage.

Diverses sciences deviennent ainsi pour le sens intime des auxiliaires utiles ou même indispensables. Tout d'abord la biologie. Les conditions des phénomènes de conscience (excitation des sens, organisation du cerveau, poids de la matière cérébrale) se trouvent dans l'organisme, ainsi que les phénomènes physiques (irrigation des centres nerveux, modifications de la température, oxydations, etc.), qui accompagnent l'activité de l'esprit. Sur tout cela la conscience n'a rien à nous apprendre. Il faut tenir compte encore de l'activité inconsciente de l'esprit, dont l'importance est grande. Elle paraît consister en un travail du cerveau qui ne se manifeste pas à nous directement par des faits de conscience, mais qui influe indirectement sur ces faits. De plus, nous voyons à chaque instant, pour des raisons parfois assez claires et parfois obscures, certains processus inconscients d'ordinaire devenir perceptibles au sens intime et des processus conscients cesser de l'être. Les faits de conscience se détachent çà et là, sur le fond plus sombre de la vie de l'esprit, et dans des conditions constantes, mais sans que leur apparition se fasse toujours régulièrement à cause de la grande complexité des faits biologiques et psychologiques. La vie inconsciente imprime un caractère particulier à nos états psychiques, elle les laisse paraître à un moment, les remplace par d'autres, et constitue une sorte de réserve, de fond obscur d'où sortent pour arriver parfois dans la pénombre, parfois à la pleine lumière de la conscience, des faits dont elle seule explique l'enchaînement, car ils n'ont pas leur signification en eux-mêmes, mais dans les nombreux phénomènes inconscients qu'ils représentent et dont ils résultent. L'observation intérieure, employée seule, ne donnerait que des matériaux incomplets difficiles à ranger sous des lois fixes.

Elle aurait d'autres désavantages. Un esprit capable de s'étudier lui-même avec attention et de s'analyser minutieusement est généralement un esprit cultivé; la psychologie, à laquelle il arrivera sera surtout composée de ce qu'il aura trouvé en lui. Nous obtiendrons des descriptions attachantes et précises, des analyses parfois fines et exactes d'une âme parvenue à un développement avancé. Mais une étude ainsi conduite, qui peut être intéressante et précieuse, risque aussi de rester stérile et superficielle. Elle demeurera impuissante devant les combinaisons de l'hérédité, devant les poussées de l'instinct, et sera même probablement incapable de comprendre les idées et les sentiments qu'une longue civilisation a façonnés dans des générations successives et toujours solidaires au double point de vue de l'hérédité et de l'éducation. Peut-être, ne pouvant l'expliquer, et ne sachant trouver son origine, elle déclarera inné, appellera don de Dieu ou faculté inhérente à l'âme humaine, tel ou tel sentiment dont la psychologie comparée nous montre les rudiments chez les animaux, dont l'ethnographie nous montre les variations chez les différents peuples, l'absence peut-être chez quelques-uns, tandis que l'examen des enfants nous fait assister à son évolution et que l'étude de la pathologie nous le montre sous la dépendance de conditions organiques; un développement insuffisant rendant son apparition impossible et un trouble des centres nerveux pouvant le faire disparaître chez l'homme le mieux doué.

L'âme humaine est une chose compliquée, difficile à connaître, et ce n'est pas trop, pour y parvenir, de tous les moyens dont l'homme peut disposer. Il faut dire, à la louange de la psychologie contemporaine, que les moyens qu'elle emploie sont très nombreux et variés. Seulement ils ne sont pas toujours bien coordonnés. Les psychologues qui les emploient s'attachent trop souvent à une méthode un peu exclusive et doublent leur partialité pour leur procédé favori d'un mépris excessif pour les recherches conduites selon d'autres principes et parfois même pour celles qui, simplement, ne sortent pas de leur école. Il est sans doute impossible à un homme de faire porter ses recherches personnelles dans toutes les directions et d'employer tous les procédés d'investigation connus; une certaine spécialisation est nécessaire, mais il est à désirer que chaque savant non seulement puisse s'informer des résultats obtenus par les autres, mais qu'il sache aussi les apprécier, les comprendre, et, par là, arriver à en profiter.

L'observation par le sens intime donne à la science de l'esprit non seulement d'intéressants résultats, mais encore une sorte de mode général d'interprétation. Je veux dire que ce que l'on a appris par d'autres moyens, on le rapporte en quelque sorte au sens intime, on l'expose en termes qui impliquent l'exercice de ce sens. C'est grâce à lui que nous observons l'esprit, c'est grâce à lui aussi que nous comprenons, bien souvent, ce que nous n'observons pas avec lui, et que nous imaginons chez autrui, par exemple, des états de conscience analogues aux nôtres. Aussi, directement ou indirectement, l'observation interne et ses données constituent en quelque sorte le centre de la psychologie, encore que nous ne puissions trouver en elles le but dernier de la science. Il faut cependant ne pas exagérer ce que je viens de dire. Nos tendances, quoique exprimées en termes qui impliquent l'observation par le sens intime ne sont pas essentiellement constituées par les phénomènes que nous révèle ce mode d'observation. L'amour et la haine, par exemple, sont plus et mieux caractérisés par leurs conséquences, par leur rôle dans la vie de l'esprit que par les impressions subjectives qu'ils nous donnent.

Les conditions dans lesquelles on se sert de l'observation interne sont très variables d'ailleurs. La forme d'observation la plus simple est celle où le psychologue se regarde penser ou sentir et tâche de démêler ce qui se passe en lui. Mais elle ne pouvait mener bien loin, et nous avons déjà vu ses défauts. Il faut la compliquer et la compléter par l'observation indirecte de soi-même et par l'observation des autres. L'observation de soi-même par le souvenir prolonge au moins l'observation plus directe, si même elle ne lui est pas indispensable et si on peut l'en distinguer absolument. Mais l'observation de soi-même par des signes objectifs, par nos actes, par des réactions enregistrées est encore possible et se rattache d'assez près à l'observation d'autres esprits que le nôtre.

Cette dernière observation est très féconde et très compliquée. Parmi les moyens qu'elle emploie, mentionnons d'abord les procédés de laboratoire. On les a appliqués à l'étude des mouvements, de la mémoire, de la mesure du temps de réaction, de la mesure des sensations, etc. Pour mesurer, par exemple, la durée d'un phénomène psychique on se sert d'un appareil disposé de façon à ce que le signal donné au sujet mis en expérience, coïncide avec l'ouverture ou la fermeture d'un courant électrique qui met en mouvement le mécanisme d'un chronomètre. A la fin du phénomène qu'on mesure, le sujet, par un mouvement rouvre ou ferme le courant, immobilise l'aiguille du chronomètre et l'on voit par la portion du cadran parcourue par l'aiguille la durée du phénomène mesuré. Par exemple « on convient avec le sujet que, dès qu'il entendra un certain signal, convenu d'avance, il fera un geste avec la main ; le temps qui s'écoule entre le signal et le mouvement de réponse porte le nom de temps physiologique. Ce temps physiologique est en moyenne de 150 σ (le σ indique le millième de seconde). C'est la durée d'un acte volontaire ; un acte réflexe, comme le clignement des paupières, dure environ 50 σ.[1] » Les

1. Binet, *Introduction à la Psychologie expérimentale.*

procédés de cette nature sont très employés en
physiologie. En Allemagne, en France, aux Etats-
Unis les laboratoires se sont multipliés, et l'on a
travaillé avec beaucoup de zèle à obtenir des résultats très précis. L'inconvénient de cette méthode
c'est que les expériences ne sont pas toujours très
sûres, — il arrive que des expérimentateurs opé-
rant successivement arrivent à des résultats différents et même opposés; — c'est encore que les
phénomènes auxquels elle s'applique sont générale-
lement les plus simples, et que les résultats
obtenus, quoique souvent intéressants, ne sont
pas toujours les plus importants pour l'étude de
l'âme humaine. Les travaux de laboratoire,
accomplis par des psychologues d'esprit large,
n'en ont pas moins permis de comprendre bien
mieux la complexité de certaines questions.
L'étude des sentiments, par exemple, en a été
notablement transformée.

Il faut rapprocher de cette méthode d'expérimentation l'expérimentation par l'hypnotisme,
qui a joui d'une grande faveur, au point qu'elle a
pu paraître, à un certain moment, le principal
sinon le seul procédé, de la psychologie expérimentale. Après avoir donné des résultats intéressants, mais quelquefois suspects, elle est maintenant un peu délaissée.

Les « enquêtes » sont encore fort usitées. C'est
à M. Fr. Galton qu'on doit, je crois, la première
enquête dont les résultats furent, il y a près de
vingt ans, fort remarqués. M. Galton avait imaginé
de demander à un certain nombre de personnes,
prises dans des conditions très diverses, de quelle

façon elles se représentaient certaines choses, et par exemple la table, si je ne me trompe, où le déjeuner était servi. Les réponses qu'il obtint montrèrent que les représentations variaient beaucoup d'une personne à l'autre, depuis l'idée abstraite jusqu'à l'image très vive et très nette, copie à peine affaiblie de la perception réelle. Ce procédé de recherches a été, depuis lors, très souvent employé. Il est très utile, en ce qu'il permet fréquemment de prendre sur le vif la réalité psychologique, une réalité plus large et pour ainsi dire plus naturelle que celle de bien des expériences; on y sent plus la vie et l'activité spontanée de l'esprit. Mais il faut s'en servir avec prudence, les réponses peuvent être inconsciemment faussées par des préjugés, par l'amour-propre des personnes soumises à l'enquête, par un certain nombre d'idées toutes faites que l'on exprime en croyant exposer simplement la vérité observée.

D'autres psychologues ont préféré les monographies individuelles, ils prennent une personne, souvent un malade, et notent soigneusement son état mental et ses diverses modifications. D'un certain nombre d'observations soigneusement faites, des vérités générales doivent se dégager. Ce procédé est excellent en lui-même, mais il n'est pas toujours d'une application facile. Il exige un contrôle constant du sujet de l'expérience, et ce contrôle n'est guère possible que dans des conditions très spéciales, pour les malades d'un hôpital, par exemple. L'ethnographie, les sciences religieuses, la philologie, et en général toutes

les branches du savoir qui étudient les produits
de l'esprit humain nous fournissent une riche
mine de matériaux instructifs. Le rôle de l'imagination, la nature de l'induction et l'influence des
sentiments, le mécanisme des associations d'idées,
nous sont assez clairement montrés par les
croyances des peuples sauvages, par le développement des religions, par les transformations que
subissent les sens des mots.

Les sciences sociales en général, sont de pré-
cieuses sources d'information. Les statistiques
diverses nous renseignent sur la naissance et la
croissance des grands courants d'idées et de sentiments, d'opinions et de désirs qui dirigent la
conduite de l'homme et déterminent ses actes.
L'accroissement ou la diminution, dans certaines
circonstances qu'on peut préciser, du nombre des
naissances, des mariages, des divorces, des crimes
ou des récidives nous renseignent utilement sur
bien des points de psychologie. Une véritable psychologie sociale intermédiaire entre la psychologie
proprement dite et la sociologie peut se fonder
sur ces bases, et nous possédons déjà de fort
remarquables contributions à cette étude.

L'histoire et la littérature nous donnent encore
de très bons matériaux. L'histoire nous permet
d'étudier certains caractères, caractères généraux
des peuples, ou caractères individuels des
hommes. A vrai dire, il faut être très prudent et
ne pas se risquer à la légère dans les interprétations délicates. Les hommes se sont toujours si
mal compris les uns les autres que ce que chacun
d'eux nous dit du caractère même des personnes

qu'il a directement connues doit être tenu pour suspect *a priori* et n'être accepté que comme simple possibilité, comme type, comme exemple concret pour fixer les idées — comme l'on prendrait un personnage de roman — ou pour condenser une série d'observations dont on ne peut donner le détail, à moins que des raisons spéciales ne nous portent à croire à la véracité et à la perspicacité de l'écrivain.

Ce qui est excellent pour le psychologue c'est l'étude des ouvrages littéraires ou philosophiques d'un auteur. Dans des romans, dans des poèmes, on peut déjà trouver de bonnes observations psychologiques, mais ce n'est pas à cela que je fais surtout allusion. Un ouvrage nous donne en général avec assez de netteté les qualités intellectuelles et les défauts de celui qui l'a fait. Nous y voyons sa façon d'animer les idées ou les images, ses habitudes favorites et jusqu'à ses tics, nous y découvrons assez vite la subtilité ou la grossièreté de l'esprit, son allure vive ou lente, ses aptitudes à l'analyse et à la synthèse. En complétant ces renseignements par ceux que peut donner une enquête sur l'homme, ses procédés extérieurs de travail, tout ce qui peut aider à mieux comprendre ses livres, on a des matériaux suffisants pour faire des monographies remarquables.

Surtout il faut, je crois, pratiquer l'observation de l'être vivant et normal. C'est là, à mon avis, le centre même de la psychologie. Il faut voir penser et agir les hommes, en sachant autant que possible les conditions de leur existence, et en tâchant de profiter, pour compléter son observation, des changements de ces conditions que le cours de la vie amène fatalement. C'est ainsi, en effet, qu'on observe le mieux l'âme dans toute la complexité de son fonctionnement, qu'on peut apprendre à connaître non pas tel ou tel phénomène psychologique, le détail de telle perception ou le tracé de telle réaction, mais l'individu lui-même, pris dans son ensemble et considéré comme un tout. Cela est tout à fait indispensable pour dégager les lois générales synthétiques de la psychologie. C'est pour avoir négligé beaucoup trop de semblables recherches que la psychologie s'est parfois perdue dans des détails dont la valeur ne correspondait pas suffisamment à la somme de travail qu'avait coûté leur découverte, qu'elle a perdu un peu le sens de la réalité vivante et qu'elle s'est montrée d'une façon générale, trop analytique et insuffisamment synthétique. Il va de soi que l'observation peut gagner si elle s'étend à des milieux différents, même à des races différentes, mais il y aurait déjà beaucoup à découvrir dans l'observation bien faite de quelques personnes que l'on connaîtrait bien. Assurément je ne voudrais pour rien au monde qu'on renonçât à un procédé quelconque d'investigation; si j'insiste sur celui-ci, c'est qu'on l'a méconnu, mais il ne saurait suffire. Il faut le compléter par d'autres, et surtout le comprendre très largement. Il ne permettrait guère, malgré tout, d'établir suffisamment les relations de l'esprit avec ses conditions physiologiques et pathologiques, de connaître avec une précision suffisante tous les éléments de l'esprit; enfin il donne des résultats dont le sens est parfois douteux, il peut engager en des erreurs si l'étude n'est pas assez prudente, ou nous laisser bien souvent dans le vague pour peu qu'elle le soit trop.

Je n'ai guère parlé jusqu'ici que de l'état normal. Et cependant les études pathologiques ont tenu une fort grande place dans la psychologie contemporaine. La maladie exagère les phénomènes psychologiques, ou bien elle les dissocie. Dans les deux cas elle nous montre avec une clarté et un relief que l'état normal n'atteindrait jamais la nature ou les rapports de ces phénomènes. L'hallucination nous éclaire sur la perception, l'amnésie sur la mémoire, l'aphasie sur les conditions du langage, les impulsions des aliénés sur la volonté. La nature réalise chaque jour de tristes expériences que l'homme ne pourrait ni ne voudrait se permettre, mais dont il tâche de profiter. La comparaison des troubles de l'esprit et des lésions organiques révélées par l'autopsie a permis de rattacher certaines fonctions psychologiques, la parole articulée, par exemple, au fonctionnement spécial de certaines parties du cerveau.

On voit que la psychologie contemporaine emploie à la fois des procédés d'observation et des procédés d'expérimentation. Ces procédés ne diffèrent pas absolument, cependant leurs formes extrêmes sont assez tranchées. L'expérience est, en général, une sorte d'observation provoquée. En ce sens l'expérimentation serait de tous les instants. Demander à quelqu'un comment il se porte

pourrait passer pour une expérience psychologique, et cela peut en être une en effet. Mais on a
voulu récemment donner un sens un peu plus
précis à l'expérimentation. Elle supposerait
« qu'on a constaté une liaison entre le phénomène
psychologique et un autre phénomène sur lequel
on a prise ; l'expérimentation consiste à exploiter
cette liaison de phénomènes, en cherchant à
modifier l'un des deux termes pour connaître les
effets de cette modification sur l'autre ». Peut-être
cette nouvelle acception du mot ne diffère-t-elle
guère en somme de la première. En tout cas,
sous une forme ou sous une autre l'expérimentation tient dans les recherches psychologiques une
place bien plus considérable que celle qu'on lui
eût attribuée autrefois.

La psychologie dispose ainsi de moyens d'investigation nombreux qui lui permettent d'attaquer
de bien des côtés les questions qui l'intéressent.
En les combinant, on peut, sinon toujours
résoudre entièrement tous les problèmes, au
moins entrevoir les solutions possibles et se faire
une idée de leur complexité. La science a pris
ainsi une ampleur qu'elle n'avait jamais connue
et dont elle ne doit pas se départir, pas plus pour
des scrupules scientifiques excessifs et mal fondés,
comme cela s'est produit quelquefois en ces derniers temps, que pour des préoccupations philosophiques exclusives, comme cela lui arrivait jadis.

On peut établir en quantité des divisions et des
subdivisions dans la science mentale. Voici l'ordre
que je suivrai dans l'exposé général rapide et forcément très incomplet que je vais essayer d'en

faire. J'examinerai, en premier lieu, les phénomènes dont l'âme est la synthèse, en les étudiant au point de vue statique, en les prenant en eux-mêmes, en les décrivant et en les analysant. Ces phénomènes peuvent se répartir en plusieurs groupes, un peu artificiels, désignés sous les noms connus : intelligence, sensibilité et volonté, mots qui désignent ici non pas une faculté de l'âme, mais un ensemble de phénomènes présentant certains traits communs. Nous les passerons en revue, des plus simples au plus complexes, en tâchant de déterminer leurs rapports avec l'esprit considéré en lui-même, que nous étudierons en dernier lieu.

Dans la seconde partie de mon étude, je reprendrai la question au point de vue dynamique, et j'indiquerai l'action des phénomènes psychologiques les uns sur les autres, et l'influence des organes du corps sur l'esprit et de l'esprit sur les organes (pour employer des expressions simples et un peu inexactes) ; les lois de l'association des idées, des images et des sentiments trouveront ici leur place.

Avant d'étudier les phénomènes conscients, il n'est pas inutile de dire quelques mots de l'anatomie et de la physiologie du système nerveux ainsi que des rapports de l'esprit avec l'organisme [1].

---

1. Sur les points traités dans cette introduction on peut consulter : Binet (avec la collaboration de MM. Philippe Courtier et V. Henri), *Introduction à la psychologie expérimentale* ; Garnier, *Traité des facultés de l'âme* ; Hume, *De l'entendement* ; Jacques, article sur

les Facultés dans le *Dictionnaire des sciences philoso-phiques*; Jouffroy, *Nouveaux mélanges philosophiques :* distinction de la psychologie et de la philosophie; Paulhan, *L'Activité mentale*, Paris, F. Alcan; Rauh, *De la méthode dans la psychologie des sentiments*, Paris, F. Alcan; Ribot, *La psychologie anglaise contemporaine*, Paris, F. Alcan; *La psychologie allemande contemporaine*, Paris, F. Alcan, préfaces; Taine, *Les philosophes classiques*, *L'intelligence.*

CHAPITRE I

LE SYSTÈME NERVEUX ET L'ESPRIT

L'esprit étant l'ensemble des fonctions de relation de l'être vivant et des manières d'être internes qui s'y rapportent le plus directement, peut être considéré, à un certain point de vue, comme l'expression de l'organisme. Il est en quelque sorte l'activité même de cet organisme, et c'est de son nom que nous appelons cet ensemble de fonctions qui reçoit les impressions du dehors, qui les trie, les analyse, puis les classe, les compare, les synthétise et réagit selon sa nature propre, en des manières très diverses. L'esprit et l'organisme ne se peuvent séparer, autant que nous en pouvons juger, que pour la commodité du langage et de l'étude. Mais parmi les parties de l'organisme, il en est une que nous voyons particulièrement en rapport avec la vie de relation, et par conséquent avec l'esprit, et c'est le système nerveux. C'est lui qui, au moyen des organes des sens et des nerfs, reçoit les impressions du monde extérieur. Les nerfs centripètes conduisent ces impressions aux centres nerveux, où elles sont soumises à une élaboration encore assez mystérieuse, mais qui paraît correspondre à ce que nous désignons par les noms d'intelligence, de réflexion, de désir conscient, de passion, de peine, de plaisir, en un mot à tous les phénomènes que nous révèle le sens intime. Les centres nerveux réagissent enfin selon leur structure, par l'intermédiaire des nerfs centrifuges, et, d'une manière générale, de façon à systématiser dans une certaine mesure les forces internes et les forces externes, à les adapter les unes aux autres pour en faire un tout équilibré.

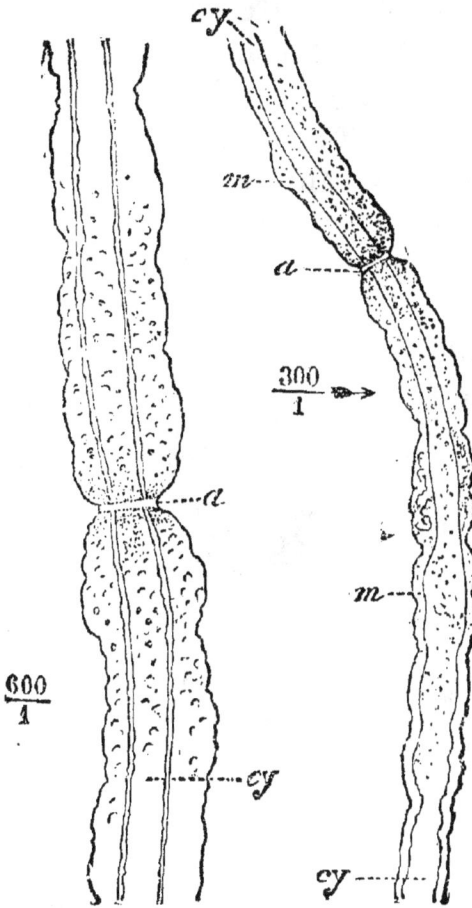

FIG. 1. — Tubes nerveux présentant des étranglements annulaires. *a*, étranglements annulaires; *cy*, cylindre axe ; *m*, myéline.

Le tissu qui compose le système nerveux est pulpeux, non contractile, facilement altérable. On distingue à la couleur deux sortes de substances nerveuses, la substance grise et la substance blanche. En examinant au microscope la subtance nerveuse, on l'a trouvée composée de deux éléments histologiques différents des *fibres* et des *cellules*. La fibre nerveuse a une épaisseur de $0^{mm},0011$ à $0^{mm},02$; elle comprend un cordon central, le *cylindre axe*, qui en forme la partie essentielle. Ce cordon se montre seul dans les centres nerveux et dans les ramifications terminales des extrémités, mais il est en général enveloppé d'une couche de substance grasse, la *myéline*, protégée elle-même par une mince enveloppe, appelée *gaîne de Schwann*.

Les cellules nerveuses sont de petits corps ronds, ovales, piriformes. Elles sont composées d'une matière pulpeuse et ont un noyau sphérique et un nucléole. Leur dimension est, en général, de un à huit centièmes de millimètre ; dans certaines régions (cornes antérieures de la moelle, cellules dites motrices), elle devient beaucoup plus grande ; les cellules y atteignent dix et douze centièmes de millimètres, elles sont presque visibles à l'œil nu. Les cellules nerveuses sont

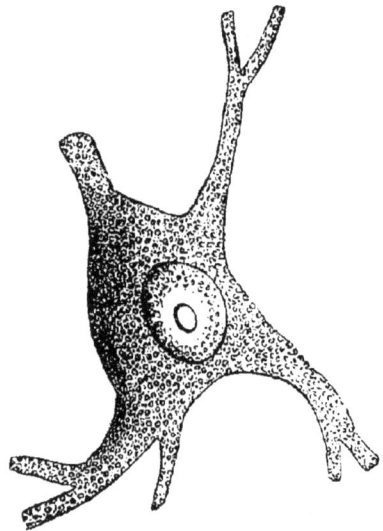

FIG. 2. — Cellule nerveuse ; elle montre ses nombreux prolongements, son noyau et son nucléole.

pourvues de prolongements. Pendant longtemps on a cru que les cellules nerveuses étaient anastomosées entre elles par ces prolongements. On admet, depuis quelques années, à la suite des recherches de Golgi et de Ramon y Cajal, qu'il n'y a pas continuité de substance entre les

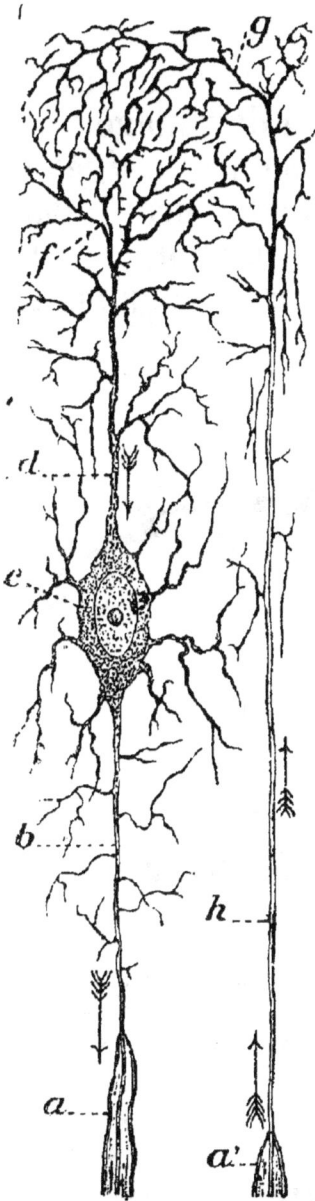

FIG. 3. — *a b c d f*, un neurone; *a*, fibre nerveuse; *b*, prolongement cylindraxile de *c*; *c*, cellule nerveuse; *d*, prolongements protoplasmiques; *f*, arborisations terminales; *a'*, fibre d'un neurone voisin; *h*, son cylindre axe; *g*, son arborisation.

expansions des corpuscules nerveux. Chaque élément cellulaire représente une véritable unité, ce qu'on appelle aujourd'hui un *neurone*.

Tous les animaux vertébrés, et l'homme par conséquent, présentent un double système nerveux : le système de la vie de relation et le système du grand sympathique. Ce dernier exerce son influence sur la vie de nutrition; il se compose d'une série de *ganglions* disposés le long de la colonne vertébrale. Ces amas globulaires envoient des commissures vers la moelle épinière et vers tous les organes en général. Sur leur trajet se trouvent de nouvelles masses ganglionnaires. On trouve dans les rameaux du grand sympathique des tubes nerveux différant par leur forme de ceux dont nous avons parlé.

Le système nerveux de

la vie de relation est en rapport plus direct avec la vie mentale et nous intéresse ici davantage.

Les nerfs de la vie de relation sont *centripètes* ou *centrifuges, sensitifs* ou *moteurs*. Formés par la réunion de fibres nerveuses microscopiques qui se groupent et s'environnent de tissu conjonctif,

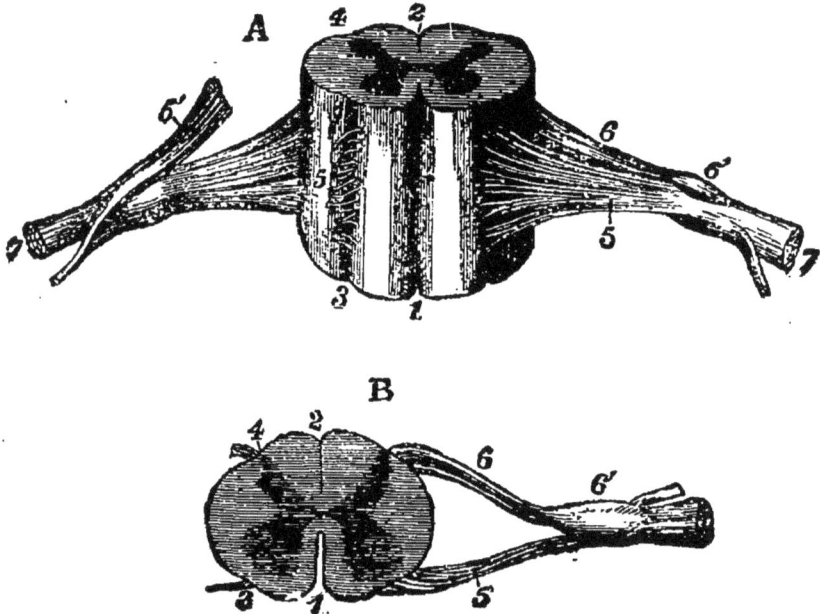

Fɪɢ. 4. — Moelle épinière. — A. Surface antérieure de la moelle, la racine nerveuse étant divisée à droite. — B. Section transversale de la moelle, montrant la forme en croissant de la substance grise.

ils établissent une communication entre les centres nerveux d'une part et, d'autre part, les parties du corps qui sont douées de sensibilité générale ou spéciale, et celles qui sont aptes à la motilité volontaire.

Les centres nerveux comprennent la moelle épinière et l'encéphale. La moelle épinière est renfermée dans la colonne vertébrale ; elle est composée, au centre, de substance grise. Cette substance grise est entourée de substance blanche fibreuse. A chaque vertèbre, deux paires de nerfs viennent s'insérer dans la moelle.

L'encéphale ou cerveau se rattache à la moelle épinière par la moelle allongée. Il se compose de plusieurs parties : le cerveau proprement dit, le cervelet, la protubérance annulaire, la moelle allongée.

Dans la moelle allongée, dans la protubérance, dans les pédoncules cérébraux, se trouvent plusieurs agglomérations de substance grise contenant des cellules. Le cervelet, rattaché par ses *pédoncules* au reste de l'encéphale, est composé de lamelles de substance blanche enveloppées par de la substance grise.

Le cerveau, que les *pédoncules cérébraux* font communiquer avec la protubérance annulaire, se compose de deux masses appelées *hémisphères*, réunies entre elles par le *corps calleux* ; à la base du cerveau se trouvent les *couches optiques* et les *corps striés*, où l'on trouve de la substance grise. Quant aux hémisphères, ils se composent de substance blanche et de substance grise, la substance grise étant située à l'extérieur. La surface des hémisphères présente un nombre considérable d'éminences, de replis, appelés *circonvolutions cérébrales*, et séparés par des sillons. Le plan général de ces circonvolutions reste le même, d'une façon générale, chez tous les hommes ; toutefois deux cerveaux ne se ressemblent jamais entièrement et, chez le même individu, les deux hémisphères diffèrent entre eux. La substance grise de l'écorce du cerveau contient des cellules en grand nombre (environ 600 millions) et des fibres nerveuses enveloppées dans la *névroglie* et arrosées par de nombreux

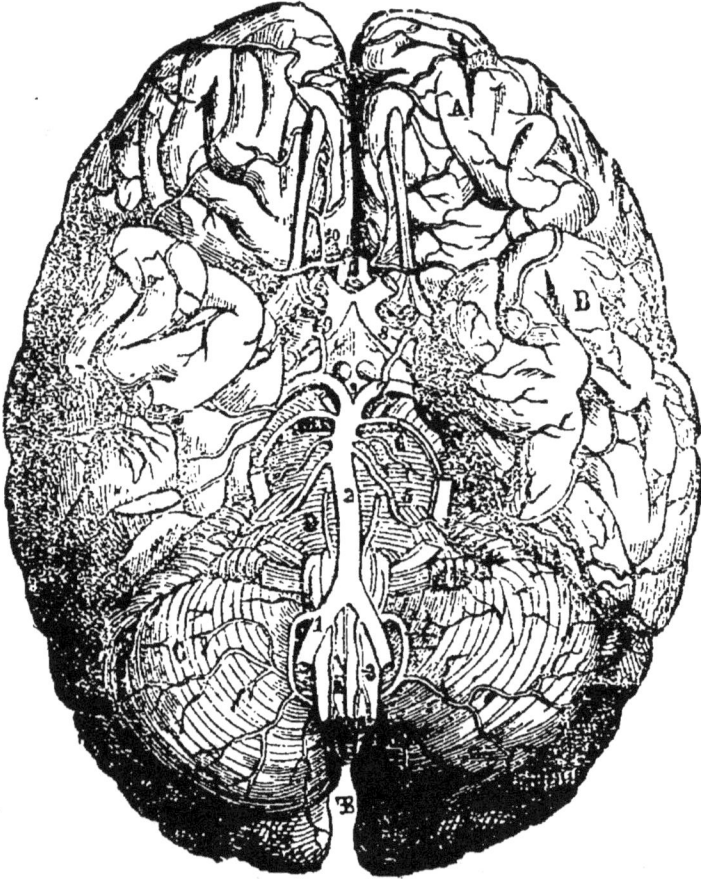

Fig. 5. — Surface inférieure du cerveau. — A. Lobes antérieurs du cerveau. — B. Lobes postérieurs du cerveau. — C. Cervelét. — D. Protubérance annulaire. — E. Bulbe rachidien.

capillaires qui apportent le sang destiné à nourrir les éléments nerveux.

Le type le plus simple de l'action nerveuse complète est ce que l'on appelle une action réflexe. Si l'on pince la patte d'une grenouille décapitée, si on l'irrite avec de l'acide, la patte se contractera et sera retirée. L'excitation transmise à la moelle par le nerf est réfléchie par les cellules nerveuses de la substance grise, et revient, sous forme d'incitation motrice, déterminer la contraction des muscles.. Le nerf joue dans ce phénomène le rôle de conducteur ; si on le coupe, l'action réflexe ne se produit plus. De plus on connaît la fonction des différentes parties du nerf. Le nerf, en effet, est formé par la réunion de deux racines qui sortent de la moelle, l'une à la partie antérieure, l'autre à la partie postérieure. L'irritation de la racine anterieure détermine des mouvements ; l'irritation de la racine postérieure provoque au contraire des signes de douleur, douleur que l'animal soumis à l'expérience localise dans le membre où se distribue le nerf irrité. Le phénomène intime qui se passe dans le nerf paraît être un mouvement moléculaire. Ce mouvement se propage avec une vitesse de 30 mètres environ par seconde, qui varie d'ailleurs avec la température ; il s'accroît à mesure qu'il se propage.

La cellule nerveuse a pour fonction de faire passer l'excitation d'une fibre dans l'autre. Elle coordonne l'impression et la réaction, il se forme grâce à elle un petit système de phénomènes, comprenant l'excitation, la phase centrale et la réaction. L'action réflexe peut se compliquer beaucoup. Nous avons indiqué le cas dans lequel la cellule nerveuse, recevant l'impression, la transmet immédiatement au nerf afférent, mais l'impression nerveuse peut, grâce aux communications établies d'une manière ou d'une autre entre les cellules, être réfléchie par la cellule affectée sur une autre ou sur plusieurs autres cellules. Celles-ci peuvent de même réfléchir l'excitation sur un nerf moteur ou sur d'autres cellules encore. Le nombre des cellules, leurs communications permettent une grande variété de phénomènes réflexes, et le système d'impressions et de réactions peut acquérir une grande complexité.

La moelle épinière est le moins élevé des centres nerveux. Elle produit cependant, même sans le secours du cerveau, des actions réflexes très compliquées. Pflüger toucha la cuisse d'une grenouille décapitée avec de l'acide acétique : la grenouille essuya l'acide avec le pied correspon-

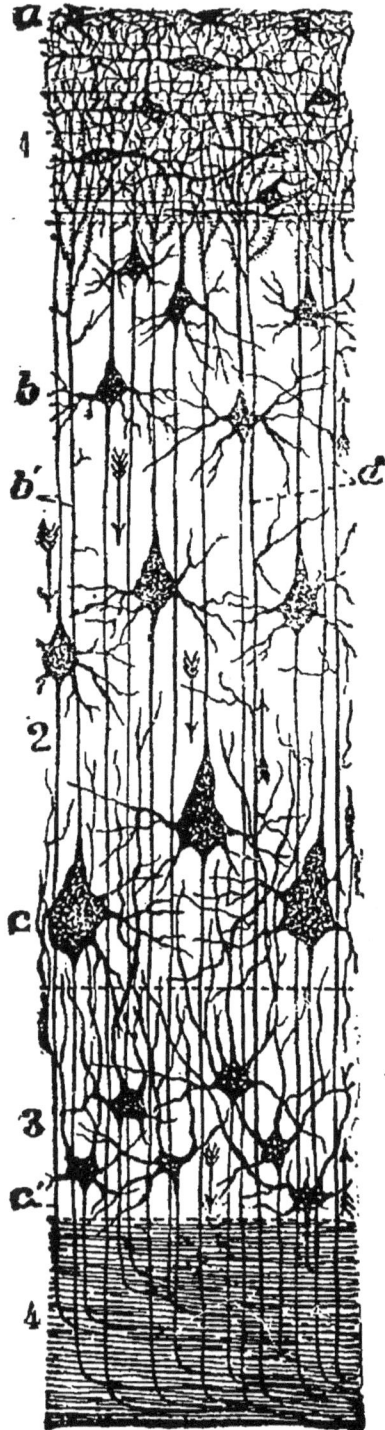

Fig. 6. — Coupe de l'écorce grise du cerveau. — 1, couche moléculaire : a, cellules de neuroglie. 2, couche des cellules pyramidales : b, petites ; c, géantes. 3, couche polymorphe. 4, substance blanche (couche externe) : d, fibres venues de la substance blanche.

dant; ce pied fut coupé et la grenouille essaya
encore, naturellement sans succès, de recom-

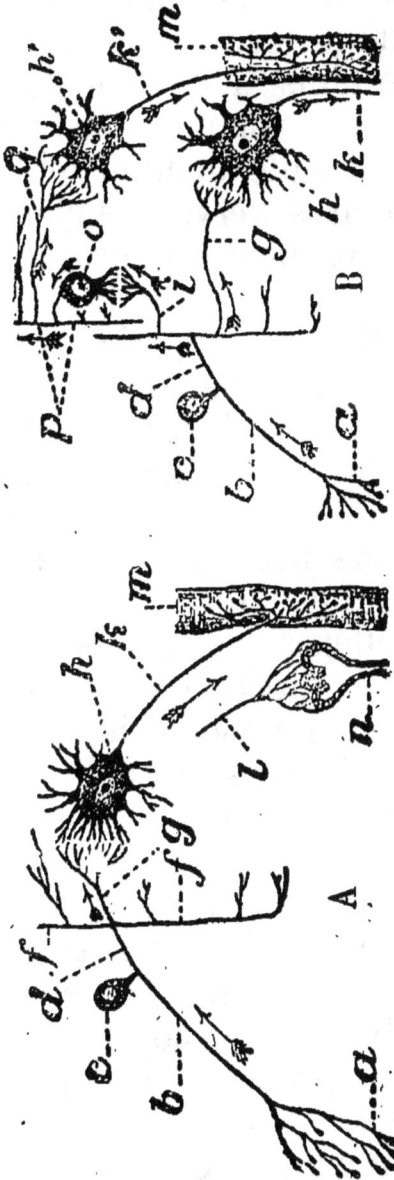

Fig. 7. — A. Arc réflexe simple (fig. schéma); a, arborisation tactile dans la peau; b, d, fibre sensitive d'un nerf rachidien; c, cellule du ganglion spinal; f, f, fibre du cordon post. de la moelle; g, ramille longue; h, k, cellule et fibre motrice; m, fibre musculaire; l, fibre sécrétrice; n, glande. — B. a, g, k, arc réflexe simple précédent; a, i, o, m, arc réflexe composé; a, i et o, q, neurones sensitifs; h', k', neurone moteur; i, ramille courte; o, cellule sensitive de la moelle, donnant p, fibre de cordon; q, ramille de cette fibre allant au neurone moteur.

mencer l'opération, enfin, après une sorte d'agi-
tation, d'inquiétude, elle essuya l'acide avec le
pied du côté opposé.

Ainsi la moelle épinière, dont nous négligeons l'influence sur la vie organique, est un véritable centre, relativement indépendant, nécessaire et suffisant pour produire d'une manière inconsciente certaines réactions, certains mouvements très bien coordonnés et très bien adaptés aux circonstances. Ce n'est pas là sa seule fonction : elle sert aussi à conduire aux centres nerveux supérieurs les excitations qui ne provoquent pas des actions réflexes immédiates.

Les centres immédiatement supérieurs à la moelle épinière, et qu'on a appelés centres sensorio-moteurs, comprennent les différentes agglomérations de matière grise situées dans la moelle allongée et à la base du cerveau. Ces centres sont en relations avec les organes des sens spéciaux. Comme la moelle épinière ils produisent des actions réflexes, mais ces actions réflexes peuvent être déterminées par l'excitation des sens spéciaux et les fonctions des centres sensoriels sont plus spécialisées que celles de la moelle. Un pigeon, après l'ablation des hémisphères cérébraux, reste inerte, mais si on le jette en l'air, il vole. La lumière fait contracter sa pupille, une lumière plus forte lui fait fermer les paupières. Un rat privé des hémisphères cérébraux, des couches optiques, des corps striés fit un bond quand on imita près de lui le bruit que font les chats en colère. Les mouvements exécutés sont parfois très complexes. Une grenouille, placée après l'ablation des hémisphères sur la paume de la main, peut, si on retourne doucement cette main, exécuter les mouvements appropriés pour se retrouver installée sur le dos de la main quand celle-ci est complètement retournée

Parmi les actions réflexes des centres senso- riels, on peut citer les mouvements de succion de l'enfant nouveau-né, la toux, l'éternuement, la respiration, le maintien de l'équilibre du corps pendant la marche, la danse, la course, etc. Le point de départ du réflexe peut se trouver dans une stimulation organique. Des oiseaux à qui l'on avait enlevé les hémisphères commencèrent par se tenir sur une patte et au bout de quelque temps s'appuyèrent sur l'autre, déterminés sans doute à ce changement par une sorte de fatigue inconsciente.

Les centres sensoriels peuvent donc, comme la moelle épinière, agir indépendamment des hémi- sphères cérébraux qui d'ordinaire contrôlent leur action. Ce mode de fonctionnement paraît s'ob- server chez l'homme dans quelques états patho- logiques, pendant les troubles intellectuels des épileptiques et chez les somnambules.

Le cervelet sert, très probablement, à la coor- dination des mouvements.

Quand on arrive aux hémisphères cérébraux les choses se compliquent encore plus. Ici l'action réflexe est moins appparente, la réponse aux excitations est très souvent considérablement retardée, et, d'autre part, elle se produit sous des formes extrêmement variées. C'est une hypothèse vraisemblable, mais c'est en somme une hypo- thèse, que de ramener à l'action réflexe, même en donnant au mot son sens le plus large, tous les mouvements déterminés par les hémisphères cérébraux, c'est-à-dire, en somme, tous les actes volontaires. S'il en est des centres supérieurs comme des autres, nous ne sommes, au point de vue physiologique, que des automates conscients dont les excitations du monde extérieur font jouer les ressorts, soit directement, en suscitant des réactions immédiates, soit indirectement, après un passage plus long et plus compliqué dans l'intérieur des centres nerveux. Huxley, Luys, Maudsley, Taine, Herzen, et bien d'autres, ont accepté sous diverses formes la théorie qui ramène toute l'activité humaine à des actes réflexes plus ou moins compliqués, mais déterminés nécessairement par la constitution intime des centres nerveux et la nature des excitations reçues. Bain admet que l'action peut être produite par une décharge des centres nerveux due non à une excitation venue du dehors, mais à un excès de nutrition. Il est toutefois un point important qu'il ne faut pas négliger et qu'on peut indiquer ainsi : c'est que la cellule nerveuse ne se borne pas à transmettre l'impression reçue, elle met en jeu une certaine quantité de force emmagasinée d'avance et qui explique la disproportion entre l'excitation et la réaction. De plus il faut bien se rendre compte que ramener tout à l'action réflexe, ce n'est nullement subordonner l'organisme à son milieu et le mettre à la merci des excitations venues du dehors. Le système nerveux réagit selon sa nature propre et la variété des réactions que donnent des individus différents dans les mêmes circonstances, la diversité si grande de

eurs actes, révélant la diversité de leur organisme et de leur esprit, tendrait à nous montrer que ce sont au contraire les centres nerveux
qui tendent par l'action réflexe à se subordonner
de plus en plus le milieu extérieur, à en tirer
parti de leur mieux dans l'intérêt de la personnalité agissante, ou de la société car il est des
actes réflexes sociaux, pourrait-on dire, et dont la
forme a été longuement déterminée par la forme
même de notre civilisation. L'excitation extérieure est une occasion pour les centres nerveux,
pour l'esprit d'intervenir selon leur nature, avec
leurs qualités particulières, pour tirer parti du
milieu et lui adapter la personnalité, mais surtout
pour l'adapter lui-même à elle. Le système d'impressions et d'actes que nous avons trouvé dans
les actions réflexes les plus simples va toujours
se développant à mesure qu'on s'élève dans la
hiérarchie des centres nerveux et devient d'une
extrême complexité quand les hémisphères cérébraux entrent en jeu.

Alors toute notre vie mentale tiendrait entre les
deux bouts d'une chaîne aux mailles innombrables,
singulièrement entrelacées et en des dispositions
variables, mais sans solution de continuité, qui
commencerait à la sensation, à l'impression reçue
et qui s'achèverait par l'acte. Toute la série complexe d'actes physiologiques comprise entre ces
deux termes représente biologiquement l'activité
de l'esprit. Et tout ce que nous connaissons subjectivement comme émotion, comme idée, comme
volonté, tous les faits révélés par le sens intime,
ne seraient qu'une sorte d'accompagnement de

ces phénomènes vitaux. Ils n'auraient pas d'influence spéciale sur leur marche, ils en seraient une sorte de reflet. On les a appelés des « épiphénomènes ». D'ailleurs s'il peut y avoir des opérations nerveuses sans conscience, il semble bien qu'il n'y ait pas de conscience sans opérations nerveuses. On constate aussi que la conscience varie avec les conditions de l'activité cérébrale, et pour un même acte. Elle n'est pas même nécessaire absolument à la vie mentale et elle ne l'exprime pas toute. Voilà bien des raisons pour ne pas lui donner le rôle principal. Cependant nous ne pouvons ici trancher définitivement la question, ni même exposer les différentes solutions possibles. Tenons-nous-en donc pour le moment au point de vue physiologique en remarquant qu'il ne saurait répondre à tout, et que d'ailleurs nous ne pouvons exprimer les phénomènes physiques qu'en termes impliquant des états de conscience. Nous considérerons donc simplement les phénomènes de conscience et les phénomènes physiologiques comme formant des ensembles de phénomènes soumis à des lois régulières de succession et de coordination.

D'une façon générale on aperçoit assez nettement les rapports de la vie de l'âme et de la vie de l'organisme. Dans la série animale on voit l'esprit se développer en même temps que le cerveau. Chez les animaux inférieurs, amibes, infusoires, on ne trouve aucune trace du système nerveux. L'esprit y est, pour ainsi dire, à l'état de diffusion. A mesure que l'on s'élève, le système nerveux apparaît, prend une plus grande importance, se complique de plus en plus. On le trouve d'abord chez les rayonnés inférieurs (hydres, méduses inférieures) à l'état de plexus nerveux où les cellules sont disséminées sans qu'un centre nerveux se dessine. La plupart des annelés, au contraire, possèdent une chaîne ganglionnaire reliée au ganglion cérébroïde qui est comparable au cerveau des vertébrés. Chez les vertébrés, les plus élevés des animaux, le cerveau prend une importance considérable ; chez la plupart des mammifères, les hémisphères du cerveau se plissent, les circonvolutions apparaissent et augmentent la substance grise corticale. Chez les anthropoïdes, les circonvolutions présentent un plan général à celui qu'elles montrent dans le cerveau de l'homme. Chez ce dernier enfin, le moins imparfait des vertébrés, les hémisphères cérébraux prennent une importance plus grande par rapport aux autres parties du cerveau, et les circonvolutions acquièrent une complexité qu'on ne trouve pas chez les autres vertébrés.

Dans le genre humain, la capacité crânienne paraît plus grande dans les races les mieux développées au point de vue mental. D'après Broca, 124 crânes de Parisiens contemporains ont donné, comme capacité moyenne, 1558 centimètres cubes ; 22 Chinois ont donné 1518 centimètres cubes ; 54 Néo-Calédoniens, 1460 ; 84 nègres de l'Afrique occidentale, 1430 ; 21 Nubiens, 1329. Les crânes des Parisiens du xiie siècle seraient moins grands que ceux des Parisiens du xixe. Les différences individuelles viennent souvent confirmer la loi générale du rapport entre l'intelligence et le volume de l'encéphale. Les cerveaux de Cuvier et de Byron étaient remarquables par leurs dimensions. Les idiots n'ont souvent qu'un cerveau très petit se rapprochant par ses dimensions de celui des singes anthropoïdes.

D'ailleurs ni les dimensions ni le poids du cerveau ne peuvent mesurer l'activité mentale. Le nombre, la variété, la richesse des circonvolutions, en accroissant la quantité de substance grise, accroissent aussi les facultés de l'esprit. Mais il faudrait sans doute aussi faire entrer en ligne de compte des qualités du système nerveux encore mal connues ou ignorées.

La pathologie et la physiologie s'accordent avec l'anatomie pour montrer les rapports étroits de l'organisme et de l'esprit. Chez des vieillards tombés en démence, Luys a remarqué un affaissement partiel des circonvolutions cérébrales. Les maladies chroniques du cerveau et de ses enveloppes amènent l'affaiblissement progressif des facultés mentales, de la moralité ou de la sensibilité comme de l'intelligence. Brière de Boismont a cité plusieurs exemples de paralytiques généraux chez lesquels la maladie s'est annoncée par une perversion des facultés morales et affectives [1]. Selon la nature des affections morbides, le dérangement de l'esprit prend une forme différente. L'hystérie, l'épilepsie exercent une influence particulière sur le caractère des malades ; la paralysie générale s'accompagne très souvent du délire des grandeurs.

1. *Comptes-rendus de l'Académie des Sciences*, 1860.

Nous voyons encore certaines substances, l'alcool, l'opium, le haschich agir simultanément sur l'esprit et sur le cerveau. L'abus de l'absinthe détermine des troubles intellectuels et des convulsions. Parfois, dans le cours d'une maladie, l'état morbide se manifeste tantôt par des convulsions, tantôt par des troubles intellectuels qui sont de véritables « convulsions d'idées », selon la partie du cerveau qui est affectée. Les accès épileptiques sont remplacés quelquefois par des crises où le patient, effrayé par d'épouvantables hallucinations, devient furieux, s'emporte et peut commettre des crimes. « Après un accès ou une courte série d'accès, dit encore M. Maudsley, survient consécutivement une autre attaque de manie furieuse, désignée sous le nom de manie épileptique; tel est du moins ce qu'on voit fréquemment dans les établissements où sont reçus les épileptiques. » Quelquefois le désordre mental se produit avant que l'accès ait lieu [1].

On a même pu aller plus loin que la constatation de ces rapports un peu grossiers. L'anatomie pathologique a conduit à établir un certain nombre de localisations cérébrales par la comparaison des troubles constatés chez un malade et des lésions que révélait l'autopsie. Broca, par exemple, fut amené à conclure que la troisième circonvolution frontale gauche est le siège de la faculté du langage articulé. On a localisé aussi l'audition des

1. Voir Maudsley, *le Crime et la Folie*; Luys, *le Cerveau et ses fonctions*, etc. (Paris F. Alcan).

mots dont la perte produit la *surdité verbale*, trouble nerveux dans lequel le patient entend les mots sans pouvoir arriver à les comprendre, et de même la vision intelligente des mots dont la perte produit la *cécité verbale*.

Enfin on est arrivé, par les recherches physiologiques, à admettre que les faits de conscience, l'exercice de l'intelligence ou des sentiments sont accompagnés d'une activité du cerveau analogue à l'activité que déploient nos autres organes, par exemple les muscles, pendant leur fonctionnement, et qui se marque par l'afflux de sang dans l'organe, l'élévations de la température et l'augmentation

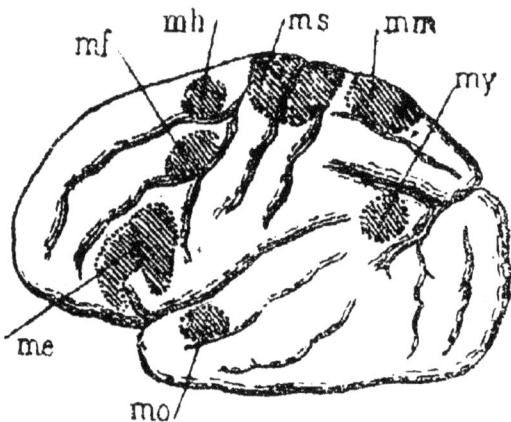

FIG. 8. — Centres nerveux localisés; *mf*, centre des mouvements de la face; *mh*, mouvements de la tête et du cou ; *ms*, mouvements du membre supérieur, *mm*, mouvement du membre inférieur; *my*, mouvements des yeux ; *mo*, mouvements de la langue; *me*, centre du langage articulé.

de la quantité de sels produite par l'oxydation des tissus. Ces caractères dépendent les uns des autres. Tout travail exécuté par un muscle est accompagné de la destruction d'une partie de sa substance; cette destruction, qui résulte de la combinaison de l'oxygène apporté par le sang avec la substance de l'organe, produit naturellement une certaine quantité de sels auxquels cette combinaison donne naissance, le sang arrive en plus grande abondance pour remplacer les matériaux usés ; quant à la chaleur, elle est produite par les combinaisons chimiques qui s'effectuent. Les choses ne se passent pas toujours aussi simplement que cela, mais il faut nous en tenir aux grandes lignes.

Pour démontrer l'afflux de sang au cerveau, Mosso tâcha de montrer à l'aide d'un ingénieux appareil que le sang diminuait dans le bras pendant que le cerveau travaillait, ce qui paraît indiquer que le sang se portait au cerveau. Le sujet mis en expérience plonge la main et l'avant-bras dans un grand manchon en verre rempli d'eau. Une communication est établie entre ce manchon et une éprouvette. Si le volume du bras augmente, l'eau est refoulée du manchon dans l'éprouvette, l'effet contraire se produit si le volume du bras diminue. Or si le sang se porte au cerveau en plus grande quantité quand le travail de l'esprit augmente, la quantité de sang diminuera et l'eau tendra à repasser de l'éprouvette dans le manchon. C'est en effet ce qui arrive. Un appareil permet de mesurer les variations du liquide.

L'arrêt de la circulation cérébrale amène la disparition de toute pensée. Brown-Séquard injecta dans la tête d'un chien décapité du sang défibriné et oxygéné. Les signes de la vie reparurent. Il appela alors l'animal et les yeux du chien se tournèrent vers lui.

L'échauffement des centres nerveux a été constaté dans d'intéressantes expériences. Schiff introduisait dans le cerveau d'un chien des aiguilles thermo-électriques. Toute excitation des sens faisait dévier le miroir du galvanomètre, indiquant une éléva- tion de la tem- pérature. Un papier contenant un morceau de lard rôti placé sous le nez de l'animal occa- sionnait une déviation plus forte que ne le faisait un papier vide. Schiff obte- nait encore des déviations du miroir en agis- sant sur l'émo- tivité de ses chiens, en leur faisant entendre des aboiements, des miaulements etc. Broca a ex- périmenté sur l'homme en se servant de ther-

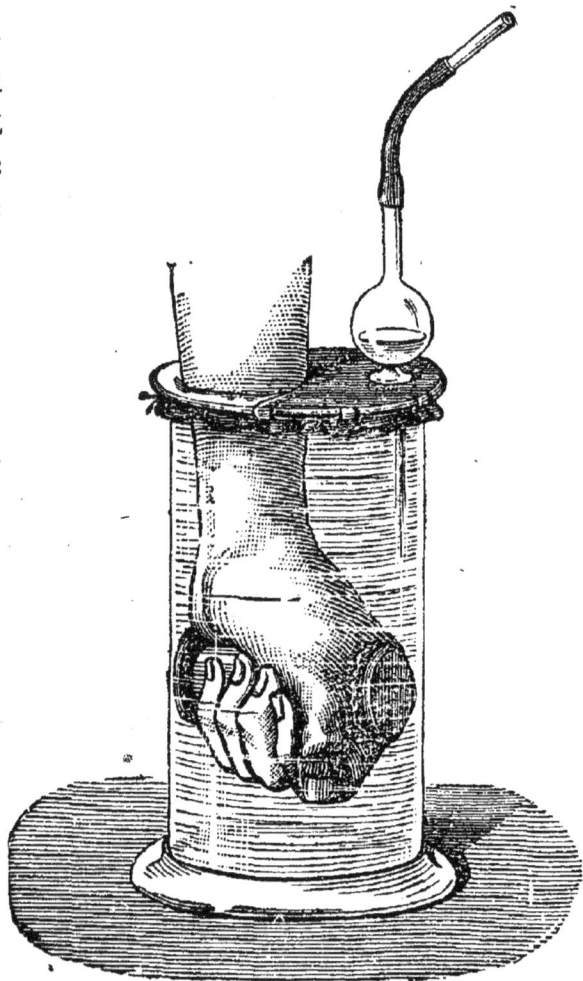

Fig. 9. — Expérience du docteur Mosso.

momètres appuyés d'un côté contre la tête du sujet tandis que l'autre côté était mis à l'abri de la température extérieure par des lames de ouate [1].

1. *Comptes rendus de l'Association française pour l'avancement des sciences.*

En faisant lire à haute voix des étudiants en médecine à peu près également familiarisés avec la lecture qu'ils faisaient, il a constaté que, après dix minutes de lecture, la température indiquée par le thermomètre s'était élevée de 33°,22 à 34°,23. Il faut dire cependant que la valeur du procédé de Broca, qui prenait la température extérieure de la tête, a été fortement contestée. D'autre part Mosso a été amené par ses expériences à penser qu'il n'y avait pas un rapport très étroit entre les augmentations de la température cérébrale et l'activité plus grande de la circulation ou la température du sang.

L'oxydation des éléments du cerveau produit, entre autres sels, des phosphates et des sulfates. Byasson pesa exactement les phosphates et les sulfates qui entraient dans son organisme par l'alimentation ou qui en sortaient par l'excrétion. Il reconnut que la quantité de sels excrétée par l'urine était bien plus considérable à la suite d'un travail intellectuel.

Ainsi, d'une façon générale, on est conduit à penser que tout phénomène psychologique a des conditions nécessaires dans l'organisme. Mais toutes les démonstrations qu'on peut en donner restent un peu grossières et approximatives. On démêle bien quelques-unes des conditions de la conscience, mais au fond, c'est peut-être plutôt par des raisonnements, souvent instinctifs, que par des expériences minutieuses et complètes, qu'on tranche la question des rapports de l'esprit et de l'organisme. Les expériences, en effet, sont souvent encore confuses et parfois contradictoires, de plus elles sont bien insuffisantes et incomplètes. Seulement il semble bien qu'il se dégage de leur ensemble un sens général qui nous suggère la croyance à la corrélation des phéno-mènes physiologiques et des faits de conscience. De plus la croyance inverse cadre assez mal avec l'esprit général de nos sciences. Ce sont là des raisons qui nous amènent à la vraisemblance plutôt qu'à la certitude, mais en somme la vrai-semblance nous suffit bien souvent, même en matière de science, surtout lorsqu'il s'agit de phénomènes très compliqués. Au reste les phy-siologistes mêmes savent reconnaître les lacunes de leurs connaissances. Voici par exemple quel-ques paroles de M. Ramon y Cajal : « La mor-phologie extérieure des cellules psychiques, ou leur mode de rapports entre elles, ne peuvent nous expliquer, dans l'état actuel de la science, la suprématie des fonctions cérébrales... Les cel-lules motrices de la corne antérieure de la moelle, les corpuscules ganglionnaires de la rétine, les éléments cellulaires du grand sympathique des vertébrés, etc., possèdent le même cylindre-axe, les mêmes expansions protoplasmiques, la même façon de se mettre en rapports et de transmettre les courants, en somme tous les caractères de la cellule psychique à laquelle, néanmoins, nous attribuons les activités les plus élevées de la vie (associations d'idées, mémoire, intelligence, etc.). Au point de vue de la complication des connexions et de la variété des types morphologiques, l'écorce cérébrale ne peut pas même rivaliser avec la trame merveilleuse du cervelet et de la rétine, dont les activités, quoique importantes, sont de grossiers emplois comparées aux fonctions particulières de l'écorce cérébrale. La science donc, pour ne pas se décourager dans cette lutte perpétuelle et si opiniâtre pour l'explication mécanique de la pensée, doit imaginer que ce quelque chose qui sépare la cellule cérébrale de la cellule médullaire et ganglionnaire, n'est pas la forme extérieure, mais l'architecture intime et le contenu chimique, et que les phénomènes de mouvement qui s'accomplissent dans le tissu protoplasmique de la cellule psychique ne sont pas les équivalents, pas même de loin, de ceux qui se produisent dans les corpuscules nerveux de catégorie inférieure[1] »

1, Voir Beaunis : *L'évolution du système nerveux.* S. R. Cajal : *Les nouvelles idées sur la structure du système nerveux chez l'homme et chez les vertébrés* (traduction française de Azoulay); Féré : *Traité élémentaire d'anatomie médicale du système nerveux.* Herzen. *Le cerveau et l'activité consciente.* Belzung. *Anatomie et physiologie animales* (Paris, F. Alcan), et les traités d'anatomie et de physiologie; Binet : l'*Année psychologique, passim.*

CHAPITRE II

Les faits étudiés par la psychologie se rangent assez aisément en quelques grandes classes offrant elles-mêmes bien des subdivisions. Mais si nous examinons successivement des groupes de phénomènes désignés par les noms d'intelligence, de sensibilité, il ne faut pas nous faire illusion sur le peu de rigueur de cette classification. Surtout il faut bien savoir que le fait psychologique concret, tel qu'il se présente à l'observation, appartient en général à deux classes différentes au moins, sinon aux trois ; c'est l'analyse qui permet d'en isoler les éléments et de renvoyer chacun d'eux à la classe qui lui convient. Mais il est vrai que la valeur de ces éléments varie avec chaque phénomène et que certains faits sont beaucoup des faits d'intelligence et un peu des faits de sensibilité, tandis que, pour d'autres, la proportion se renverse.

I. — L'Intelligence.

Les sensations, les perceptions, les idées, les jugements, les raisonnements, sont des phénomènes intellectuels (quoique mêlés souvent à des phénomènes affectifs, de l'ordre de la sensibilité). Leur caractère général est d'être représentatifs. Ils sont pour nous une sorte de symbole de la réalité, extérieure ou intérieure, qu'ils nous font connaître dans une certaine mesure et qu'ils remplacent.

1. *Sensations et perceptions.*

Les sensations sont dues à l'excitation des organes des sens par le monde extérieur. Si l'on y comprend les sensations internes, il faut considérer les organes du corps comme faisant partie du monde extérieur par rapport au cerveau et à l'intelligence. Elles se distinguent théoriquement des perceptions, en ce que la perception suppose l'interprétation, la connaissance de la sensation par notre esprit. Mais en fait cette distinction n'est guère praticable. Lorsque nous avons conscience d'une sensation, forcément l'intelligence intervient, la connaît, la classe et c'est une perception qui se produit. La sensation brute n'existe pas pour nous. Seulement nos perceptions s'en rapprochent plus ou moins. Ce qui peut nous en donner encore le mieux l'idée, ce sont peut-être certains états mal définis de l'esprit produits par l'action des organes, sensations mal localisées et qui restent très vagues. De ces états assez indistincts jusqu'aux perceptions visuelles les plus nettes et les mieux définies, nous avons bien des degrés qui nous montrent l'intervention de plus en plus grande de l'intelligence, du raisonnement inconscient par lequel nous comprenons et interprétons nos sensations.

Plusieurs espèces de sensations nous sont données, chacune par un organe spécial, ce sont les sensations du goût, de l'odorat, du toucher, de l'ouïe et de la vue. Il faut ajouter aux données des cinq sens classiques les sensations internes qui nous renseignent plus ou moins nettement sur l'état de nos organes et le sens musculaire.

On admet que la sensation brute se produit quand l'excitation conduite par les nerfs arrive aux centres ganglionnaires situés entre la moelle épinière et les centres nerveux supérieurs. On pourrait d'ailleurs attribuer assez logiquement une sorte « de sensation brute » à la moelle épinière elle-même. Pendant quelque temps les couches optiques avaient passé pour être le centre sensitif par excellence. Cette opinion ne paraît pas avoir prévalu. Quoiqu'il en soit, il est probable, autant qu'on en peut juger, que la sensation, en tant que fait de conscience, et non plus en tant que cause de réaction motrice, ne se produit que si l'excitation parvient aux centres supérieurs, à la substance corticale des hémisphères.

Sensations internes. — Elles comprennent les sensations que nous fait éprouver l'état de nos organes et que nous désignons sous le nom général de besoins organiques. Le besoin de tousser, le besoin d'uriner, la faim et la soif se rattachent à cet ordre de faits, ainsi que la suffocation, et même l'angoisse ou l'ennui spécial que donne le besoin d'activité psychique, la sensation de fatigue. On peut y comprendre aussi, avec

Bain, certaines sensations données par les muscles, comme l'impression de coupure ou de déchirure musculaire. Toutes ces sensations sont généralement encore assez mal connues. Cependant elles ont été mieux étudiées en ces derniers temps. Certaines d'entre elles paraissent à la fois assez complexes et assez vagues, mal localisées. Dans la faim, par exemple, on trouve : des sensations dans les organes digestifs, les muscles masticateurs, les glandes, etc., et puis une sensation générale due à l'appauvrissement et à l'insuffisance de nutrition de l'organisme ; mais ce sentiment général lui-même n'est que la résultante d'une multiplicité de sensations partielles, vagues, obscures, mal définies, partant des diverses régions de l'organisme. Faire la part de chaque organe, de chaque tissu dans ce sentiment général, est à peu près impossible[1]. La sensation de la nausée est plus obscure encore.

Les sensations fonctionnelles, digestives, respiratoires, circulatoires, sont généralement faibles ou nulles quand les fonctions auxquelles elles se rapportent s'accomplissent bien et suivent une marche régulière et uniforme. Mais il ne faut souvent qu'un trouble assez léger pour les réveiller. Cela n'est pas sans importance au point de vue de la fonction générale qu'il convient d'attribuer à la conscience.

Sens musculaire. — A part les sensations qui dépendent de leur condition organique et qui

1. Beaunis. *Les sensations internes* (Paris, F. Alcan).

rentreraient dans la classe précédente, les muscles nous donnent encore des sensations qui dépendent de leur action et nous renseignent sur elle, qui indiquent les divers modes de tension des organes moteurs. Le sens musculaire nous permet d'apprécier la force que nous déployons, par exemple, quand nous soulevons des corps de poids différents, si nous faisons abstraction de la sensation de la pression exercée par le poids sur la partie de la main qui le touche. Ces sensations musculaires sont en général mal localisées, et cela tient probablement à ce que les connaissances anatomiques précises sont peu répandues. Alors l'esprit ne pouvant associer à des idées nettes les impressions qu'il reçoit des muscles, les rattache d'une manière vague et souvent erronée aux perceptions visuelles et tactiles qui lui paraissent se rapporter à elles. « Ce que nous voyons, ce que nous touchons, dit Beaunis, dans la flexion d'un doigt par exemple, ce n'est pas le changement de niveau de l'avant-bras et la saillie des fléchisseurs sur la peau, c'est le phénomène beaucoup plus apparent du mouvement des phalanges. La sensation de contraction des fléchisseurs du doigt coïncide avec les sensations tactiles et visuelles du mouvement du doigt et nous fusionnons toutes ces sensations en les rapportant au doigt. On peut cependant, comme le fait remarquer Sachs, en s'exerçant et en y portant attention, arriver à reconnaître et à localiser la sensation dans le muscle lui-même. »

Les sensations musculaires sont plus importantes qu'on ne le penserait tout d'abord, mais on a peut-être été porté depuis quelques années è exagérer, par réaction, leur rôle psychologique. Elles s'associent plus ou moins à toutes nos sensations, qui ne se produisent guère sans quelque mouvement de notre part, et elles les modifient dans une certaine mesure, elle les précisent, les varient parfois et les rendent plus assimilables pour l'intelligence. Regarder, écouter, flairer, déguster, tous ces actes impliquent des sensations musculaires, et ces sensations interviennent peut-être même dans nos images et nos idées. Nous leur devons pour une part la notion de résistance, d'espace et de direction [1].

Sens du goût. — Le sens du goût a son siège dans la bouche, sur la langue, ou plutôt sur les bords et surtout vers la base de cet organe. Il ne paraît pas y avoir de nerf spécial exclusivement destiné à la sensation gustative. Le *glosso-pharyngien* contient des fibres motrices destinées au pharynx. Il ne faut pas confondre avec les sensations spéciales du goût des sensations qui se mêlent souvent à elles et qui relèvent de la sensibilité tactile de la langue, comme les sensations improprement appelées *saveur farineuse, saveur gommeuse, saveur fraîche, saveur âcre,* ou des sensations dues à l'organe de l'odorat. Beaucoup de substances alimentaires paraissent perdre leur goût si le sens de l'odorat ne peut fonctionner.

1. Voir outre l'ouvrage déjà cité de Beaunis : Bain, *Les sens et l'intelligence,* Paris, F. Alcan ; Ribot, *Psychologie des sentiments.*

Les sensations acides et alcalines peuvent être considérées comme se rapprochant à la fois des sensations du tact et des sensations gustatives. Des sensations gustatives incontestées et paraissant pures, sans mélange d'impressions différentes, sont celles du doux et de l'amer.

Le goût ne peut s'exercer que sur des corps liquides ou en dissolution. Des recherches récentes ont montré qu'en mélangeant deux solutions de goûts différents on pouvait obtenir une solution d'un goût neutre, ou presque nul.

Sens de l'odorat. — Il a son siège dans les fosses nasales, à la partie où se distribue le nerf olfactif, sur les organes terminaux duquel agissent les substances odorantes. Les corps gazeux seuls ou les vapeurs émises par des corps liquides ou solides nous donnent en général des sensations olfactives[1]. Les gaz, les vapeurs, sont odorants pour la plupart, peut-être même n'en est-il aucun qui soit absolument inodore. Toutefois il faut distinguer, de même que pour le sens du goût, les véritables odeurs, celles qui agissent réellement sur la sensibilité olfactive. Les odeurs *fraîches*, les odeurs *nauséeuses*, les odeurs *suffocantes* agissent probablement les unes sur le poumon, les autres sur l'estomac. Les odeurs *piquantes* (ammoniaque, moutarde, etc.) n'affectent pas la sensibilité olfactive proprement dite. On peut considérer, au contraire, comme de

---

1. Aronsohn paraît avoir établi que des odeurs agissent en solution. Voir Passy : *Revue générale sur les sensations olfactives. (Année psychologique,* 1896.)

véritables odeurs les odeurs *douces* (violette, rose, jasmin, etc.) et les odeurs *puantes* (*assa fœtida, odeur cadavérique*, etc.). — La sensibilité olfactive est d'une finesse extrême. M. Passy, recherchant la plus petite quantité perceptible, a pris pour unité le millionième de gramme ou millième de milligramme, et il arrive pour le musc naturel au chiffre de 0,001 et pour le musc artificiel au chiffre de 0,00001 à 0,000005.

Sens du toucher. — Au point de vue intellectuel le toucher est supérieur aux sens du goût et de l'odorat. Il est répandu sur toute la surface du corps, sur la surface de la peau, de l'intérieur de la bouche et de la langue. Mais la sensibilité tactile n'est pas égale partout. Elle est plus développée dans les parties riches en nerfs et en *papilles* du derme, petites élévations où viennent se terminer les nerfs. Les extrémités des doigts sont très sensibles ; la poitrine, le milieu de l'avant-bras, de la cuisse, du dos, le sont relativement très peu. On mesure la sensibilité cutanée en appliquant sur la peau les deux pointes d'un compas et en mesurant l'écart qu'il faut leur donner pour qu'elles soient senties toutes deux et qu'on n'ait pas la sensation d'un contact simple. Cet écart varie considérablement avec la partie du corps sur laquelle on expérimente, mais elle varie aussi avec d'autres circonstances, avec l'exercice peut-être ou avec les dispositions psychologiques du sujet.

Grâce à la mobilité des mains surtout, le tact nous renseigne utilement sur les qualités des objets. Il contribue à nous faire connaître leur forme, il nous aide à acquérir nos idées d'espace, de distance, de direction et de situation. Les sen-

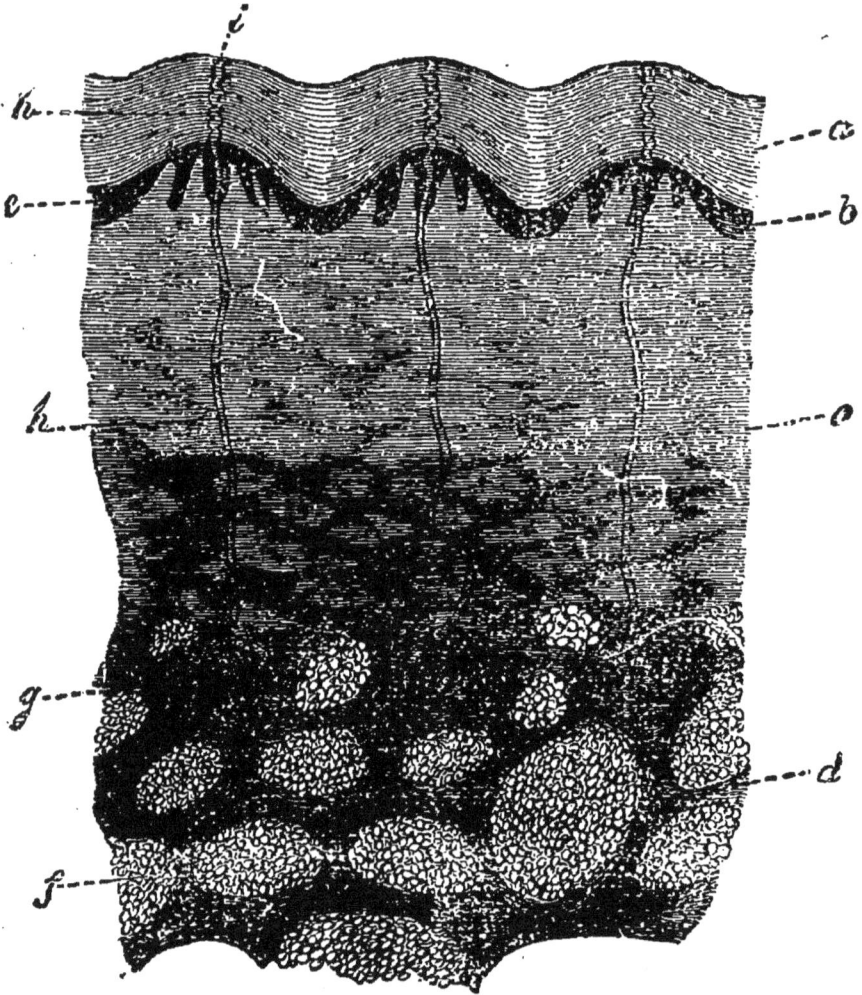

Fig. 10. — Coupe de la peau. — *a.* Couche cornée ou épiderme. — *d, f.* Tissu cellulaire sous-cutané. — *c, b.* Derme. — *g.* Glandes sudoripares. — *i, h.* Canaux des glandes sudoripares. — *e.* Papilles sensitives.

sations de pression nous renseignent sur le poids des corps, leur élasticité, leur dureté, mais elle sont dues en partie au sens musculaire. Les sensations tactiles dominent plus, mais pas encore d'une manière exclusive, dans l'appréciation des surfaces rugueuses et polies.

Au sens du toucher se rattachent la sensation de la température et des impressions de douleur. La première nous révèle l'augmentation ou l'abaissement de la température de la peau. La langue, les paupières, les lèvres paraissent à cet égard particulièrement sensibles.

La sensation du contact, la sensation de la température et le sentiment de la douleur peuvent être séparés. La maladie peut abolir celle-ci en laissant intacte la faculté de sentir la chaleur et le contact. Quelquefois la sensation de température disparaît seule. Des malades perdent à la fois la faculté de sentir la douleur et celle d'être impressionnés par la température; ils ne ressentent plus que des impressions de contact. Mais il est très rare que le sentiment de la douleur subsiste tandis que la sensation de contact est abolie.

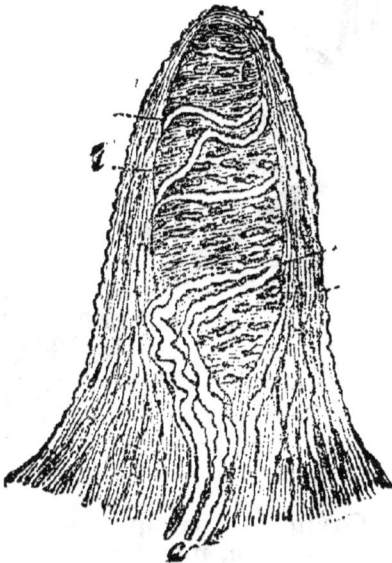

Fig. 11. — Papilles, b, corpuscules tactiles.

Sens de l'ouïe. — Le sens de l'ouïe nous donne les sensations de son résultant de l'action sur le nerf acoustique des ondes sonores produites par les corps en vibration. L'organe de l'ouïe est l'oreille, divisée en oreille externe, oreille moyenne, oreille interne. C'est dans l'oreille interne que vient se terminer le nerf auditif, ses extrémités baignent dans un liquide dont les vibrations les ébranlent. A ce liquide arrivent les excitations du dehors par l'intermédiaire de l'oreille moyenne et de l'oreille externe.

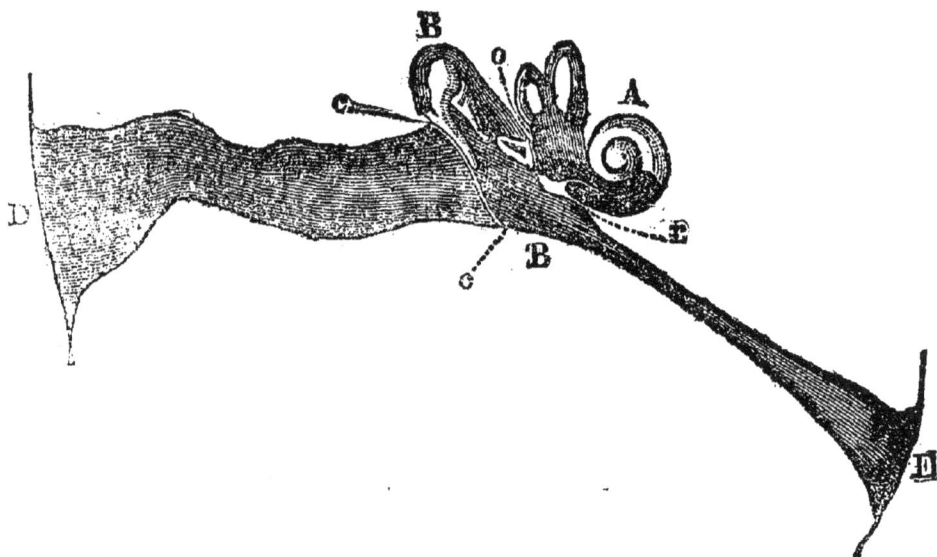

Fig. 12. — D. Conduit auditif. — B. Cavité tympanique. — E. Trompe d'Eustache. — A. Labyrinthe. — *c, e*, membrane du tympan. — *o*, fenêtre ovale. — *r*, fenêtre ronde.

Au point de vue de la qualité on peut distinguer des sons doux, des sons durs et grinçants. Au point de vue de l'intensité on reconnaît au son différents degrés de force. La force du son est due à l'*amplitude* des vibrations sonores. Au point de vue de la hauteur on distingue les sons graves et les sons aigus. La hauteur des sons est en rapport avec la rapidité des vibrations qui les produisent. Plus le nombre des vibrations augmente, plus le son est aigu. Mais les sons ne nous sont perceptibles qu'entre certaines limites d'acuité. Le son le plus bas qu'on puisse percevoir correspond d'après Helmoltz à 16 vibrations par seconde, le plus élevé à 38 000 vibrations. L'harmonie et la discordance dépendent des rapports entre le nombre de vibrations des sons simultanément entendu. Le timbre, ce qu'on a appelé la « couleur du son », est ce qui différencie par exemple une note donnée par un violon d'une note de même intensité et de même hauteur donnée par une flûte. Il est dû à la complexité du son. Une note qui nous semble simple est composée en réalité d'un son fondamental et de petites notes, plus aiguës, les *harmoniques*, qui l'accompagnent et s'associent avec lui. Le timbre résulte de cette combinaison et varie avec les harmoniques qui viennent se joindre au son fondamental. De même le son de chaque voyelle est dû a ce que pour chaque voyelle des harmoniques différentes viennent se joindre à un son fondamental qui correspond à peu près au son de notre diphtongue *ou*.

L'oreille nous renseigne sur la distance à laquelle se produit le son qu'elle entend. Cette perception est acquise par expérience; la perception de la direction est favorisée par les sensations simultanées des deux oreilles et par la disposition de la *conque* ou *pavillon* de l'oreille.

Sens de la vue. — L'œil, organe de la vision, se compose essentiellement : « 1° d'une membrane (*rétine*) en rapport avec des terminaisons nerveuses et sur laquelle viennent se faire les impressions des rayons lumineux; 2° d'un *appareil de dioptrique*, destiné à amener et à condenser

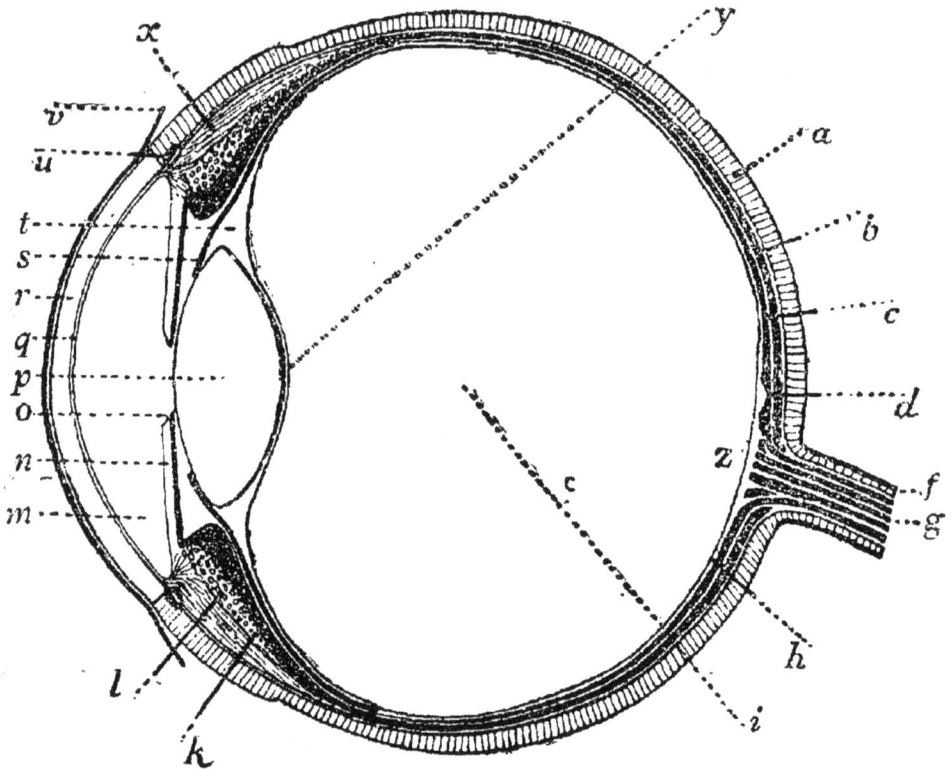

FIG. 13. — Coupe horizontale de l'œil. -- *a*, sclérotique; *b*, choroïde; *c*, rétine; *d*, tache jaune; *f*, gaine du nerf optique; *g*, nerf optique; *z*, tache aveugle; *h*, membrane hyaloïde; *i*, humeur vitrée; *k*, procès ciliaires; *l*, muscle ciliaire (ses fibres circulaires); *m*, tumeur aqueuse; *n*, iris; *o*, bord de la paupière; *p*, cristallin; *q*, épithélium interne de la cornée; *r*, cornée transparente; *s*, ligament suspenseur du cristallin; *t*, canal de Petit; *u*, canal de Fontana; *v*, conjonctive; *x*, muscle ciliaire (ses fibres longitudinales); *y*, membrane hyaloïde.

les rayons lumineux sur la membrane précédente, où ils viennent représenter en miniature les objets extérieurs, comme sur l'écran d'une

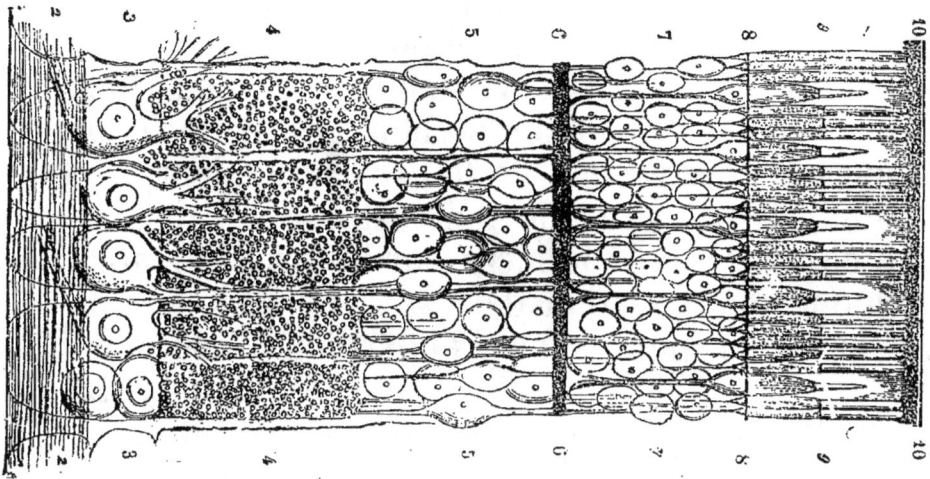

Fig. 14. — Coupe de la rétine. — 1. Membrane limitée. — 2. Couche des fibres nerveuses. — 3. Couche de cellules ganglionnaires. — 4. Couche à granulations fines. — 5. Couche granulée interne. — 6. Couche granulée intermédiaire. — 7. Couche granulée externe. — 8 Membrane limitée. — 9. Couche des bâtonnets et des cônes. — 10. Pigment de la choroïde.

chambre obscure; 3° de *membranes annexées*
aux deux appareils précédents pour en assurer
et en modifier le fonctionnement[1] ». Le globe
oculaire est, de plus, mû par des muscles donnant des sensations qui interviennent dans la
formation des perceptions visuelles.

Les sensations lumineuses sont assez connues
pour qu'il n'y ait pas à les décrire. La couleur
provient des rayons lumineux réfléchis par les
objets et composés de vibrations dont la longueur
d'onde va en diminuant depuis le rouge jusqu'au violet. La sensation de blanc est donnée par
le mélange des rayons de toutes les couleurs du
prisme, la sensation de noir est due à l'absorp-
tion complète de la lumière par le corps qui nous
la donne. La sensation de *lustre*, opposée à celle
de *terne*, a pour type l'apparition d'un point
brillant au milieu d'une obscurité relative. La
perception du relief provient de ce que nos deux
yeux ne voient pas absolument les mêmes parties
des choses : on en donne l'illusion dans le sté-
réoscope en faisant se combiner deux reproduc-
tions un peu différentes d'un même ensemble
d'objets, dont l'une arrive à l'œil droit, l'autre à
l'œil gauche.

Les mouvements visibles, la forme visible, la
grandeur apparente, la distance, le volume, nous
sont donnés par les perceptions complexes de la
vue. Ces perceptions contribuent beaucoup à la
formation de la notion d'espace qui paraît une
synthèse plus ou moins abstraite d'éléments

1. Küss et Duval, *Physiologie.*

empruntés surtout aux données de la vision, du
tact et du sens musculaire. -

La décomposition des sensations. — Les sensations paraissent, à première vue, des phénomènes
simples et irréductibles. Cependant diverses expériences ont permis de considérer comme possible
leur décomposition en éléments plus simples.
Herbert Spencer et Taine, s'appuyant sur les
expériences d'Helmholtz, se sont attachés à mettre
en lumière le caractère complexe des sensations
et à en montrer les facteurs[1]. C'est pour les sensations de l'ouïe que cette opération donne les résultats les plus nets. Nous avons déjà vu que le
timbre d'un son était dû à ce que des notes acces-
soires venaient, dans la perception, s'unir au son
fondamental. Avec un peu d'exercice on arrive à
reconnaître très bien quelques-unes des notes
harmoniques, à les isoler un peu dans l'ensemble
dont elles font partie, et voilà décomposé un fait
qui semblait indécomposable. Mais un son musical,
quelque simple qu'il paraisse, est formé par des
sensations plus simples agglomérées et comme
fondues en une seule. Des coups égaux, frappés
à raison de 16 par seconde, sont entendus sépa-
rément; si la fréquence des coups augmente, une
nouvelle sensation se dégage, la sensation d'un
son musical. « Parmi des restes de bruits qui
persistent encore et continuent à être distincts, elle
se dégage comme un événement d'espèce différente; entre les sensations élémentaires qui consti-

---

1. Voir Spencer, *Principes de psychologie* : t. I, 1re partie,
chap. I.; Taine, *De l'intelligence*, t. I, liv. III. chap. I.

tuaient chaque bruit, il en est une que l'opération à séparée ; désormais celle-ci n'est plus distincte de la *sensation élémentaire semblable* qui la suit dans chacun des bruits suivants. Toutes ces semblables font maintenant ensemble une longue sensation continue (Taine). » Le son musical lui-même peut laisser voir sa composition ; dans un son très grave, on peut remarquer que les sensations élémentaires sont distinctes à quelque degré ; chacune d'elles a un maximum et un minimum d'intensité. A mesure que le son devient plus aigu, ces sensations élémentaires deviennent plus courtes et par conséquent moins distinctes ; à un certain degré d'acuité, les sensations élémentaires disparaissent pour la conscience, le son paraît uni et indécomposable. Et la sensation élémentaire qui donne le son musical en s'associant avec d'autres sensations élémentaires semblables à elle, donnera une sensation de bruit si elle s'unit à des sensations élémentaires de durée différente.

Des analyses moins complètes permettent d'établir ou de rendre probable que nos autres sensations sont également composées d'éléments imperceptibles que l'observation intérieure ne saurait apercevoir spontanément. Quant à l'élément dernier, à l'atome de conscience dont sont formées toutes les sensations, M. Spencer en voit le type dans le « choc nerveux ». La sensation produite sur nous par un bruit sans durée appréciable ne diffère guère de celle que produit une décharge électrique en traversant le corps, ou de l'état de conscience *initial* causé par un coup. M. Spencer fait remarquer avec raison que des états de conscience ne peuvent être distingués qu'autant qu'ils ont une durée appréciable. Ainsi, d'après lui, il est possible et même probable que « quelque chose du même ordre que ce que nous appelons un choc nerveux est la dernière unité de conscience, et que toutes les différences entre nos états de conscience résultent des modes différents d'intégration de cette dernière unité ».

Que faut-il entendre au juste par cette décomposition des sensations? Certes la chimie nous montre des composés, comme l'eau, dont les propriétés diffèrent singulièrement de celles de ses éléments que l'observation simple ne saurait découvrir. Mais ici le cas semble un peu différent. Qu'est-ce que c'est que ces sensations élémentaires dont nous n'avons pas conscience? Est-il possible de croire que, lorsque j'entends la note *sol* donnée par un violon, j'entends en réalité plusieurs notes distinctes dont je n'ai pas conscience? Une sensation en dehors de la conscience, comme un fait matériel en dehors de la sensation, cela semble inconcevable et peut-être contradictoire.

Je n'insisterai pas sur le côté philosophique du problème. Nous pouvons nous contenter de conclure que nos sensations ont pour condition des phénomènes plus simples que nous percevons en bloc sous la forme de la sensation totale, sans les isoler, sans les reconnaître comme des individualités, au moins en général. Parfois, comme dans le cas du timbre, nous pouvons arriver à effectuer cette analyse et avoir la perception consciente simultanée (très variable d'ailleurs selon les esprits) du composé et des éléments. Nous voyons alors clairement que ces éléments avaient une réalité avant d'être perçus, et nous pouvons généraliser ceci. Dans un palais que nous admirons, nous ne percevons pas à la fois tous les détails d'une manière très consciente, nous en voyons cependant un grand nombre, sans bien les percevoir individuellement. Mais notre sensation d'ensemble est une synthèse de toutes ces perceptions de détail presque inaperçues. Il en est de même ailleurs. Le fait complexe que nous percevons est réel et se distingue de ses éléments. Il n'existe pas indépendamment d'eux, mais il y a en lui quelque chose qui n'est pas en eux, absolument comme il y a dans une pendule quelque chose qui n'est ni dans le marbre, ni dans le cuivre, ni dans l'émail, ni dans aucune des parties dont elle est formée.

Nous rencontrons ici cette systématisation qui est, à mon avis, la plus grande loi de la psychologie, qui exprime la forme générale des éléments psychiques et de l'esprit lui-même. Nous voyons ici des éléments se souder si étroitement en un système, en une unité qui apparaît comme une sorte de fin dont ils sont les moyens, qu'ils s'absorbent en lui et disparaissent à peu près complètement. La synthèse n'est pas toujours aussi forte ni les éléments aussi complètement unifiés et retenus dans le système. Mais partout dans la vie de l'esprit nous trouvons le même fait général. Tous les éléments que nous allons passer en revue sont ainsi constitués par des synthèses d'éléments inférieurs, et à leur tour forment par leur combinaison des éléments supérieurs où l'on a parfois de la peine à les distinguer jusqu'à ce qu'on arrive à l'esprit même, à la personnalité qui est, en simplifiant un peu la chose, la synthèse la plus vaste, assez unifiée pourtant pour qu'on ait édifié sur son unité des théories métaphysiques de la nature de l'homme. Et c'est encore la même loi que nous trouverons quand, étudiant l'esprit au point de vue dynamique, nous examinerons les réactions réciproques des phénomènes.

2. *Images, idées, jugements, raisonnements.*

Les sensations et les perceptions ne nous donnent que la réalité présente, celle qui agit sur nous au moment même où nous la connaissons. L'imagination, sous sa forme la plus simple, nous donne la réalité absente. Lorsque nous avons regardé un objet, lorsque nous avons écouté une conversation, entendu un air de musique, en un mot quand nous avons éprouvé une sensation d'une certaine durée et d'une certaine persistance nous pouvons la faire renaître et parfois elle renaît spontanément en nous. En fermant les yeux, je puis me représenter les Arènes de Nîmes ou Notre-Dame de Paris. Cette représentation mentale est l'image.

Sous cette forme l'image est une copie généralement affaiblie de la perception. Elle en reproduit les caractères avec une fidélité plus ou moins grande selon les individus et aussi selon les caractères de la perception primitive, l'intérêt qu'elle a excité en nous, etc. En certains cas l'image paraît égaler la perception et aboutit à l'hallucination. Je me rappelle, que, dans mon enfance, plusieurs fois un son de clairon, entendu bien longtemps après que sa cause objective avait cessé, me donna l'illusion de la réalité. Dans le rêve, l'image interne paraît atteindre la vivacité de la sensation. Faisant une enquête sur les images visuelles, Galton trouva que chez certaines personnes la représentation des objets était très vive et parfaitement nette. Mais souvent aussi l'image, par rapport à la sensation, est faible, terne, décolorée, et l'on trouve des degrés innombrables entre l'image vive, copie presque équivalente de la sensation, et les représentations abstraites, sans couleur et presque sans forme, qui sont à l'autre bout de la série.

Les perceptions qui nous arrivent par nos différents sens ne donnent pas naissance à des images avec la même facilité ; les sensations de la vue et de l'ouïe hantent presque constamment beaucoup d'esprits, les sensations de l'odorat et du goût sont en général plus difficiles à rappeler. Au reste il y a en ceci de grandes différences individuelles. Chez certaines personnes, ce sont les images visuelles qui occupent surtout l'esprit, chez d'autres ce sont des images auditives ou des idées abstraites. Le pouvoir et l'habitude de la vision, de l'audition, de la gustation mentale varient beaucoup d'un esprit à l'autre. Charcot avait établi que pour l'exercice de la parole intérieure, pour se représenter les mots, certaines personnes avaient recours à des images auditives, d'autres à des images visuelles, d'autres à des images motrices (rappel de sensations musculaires). La réalité est un peu plus complexe et la question n'a pas toute l'importance psychologique qu'on avait cru, un moment, y trouver. Mais la remarque n'en est pas moins juste et doit subsister.

L'image copie de la sensation ne peut encore suffire à nous donner des portions très étendues de la réalité, nos perceptions étant forcément partielles et restreintes. Souvent nous nous représentons une réalité complexe au moyen d'images un peu confuses, inégales, fragmentaires, qui tiennent la place d'autres images et des perceptions que nous n'éprouvons pas, mais qui seraient possibles dans certaines conditions. Nous nous formons ainsi ce que Spencer appelle des *conceptions symboliques*. L'ensemble d'images qui s'évoque en nous n'est plus une copie, mais un symbole de la réalité. Si je veux, par exemple, me représenter une ville, je ne puis me la figurer toute entière, mais j'évoque quelques-uns de ses boulevards, des places, des monuments, de rapides visions d'un fleuve qui la traverse, l'image de plans que j'ai consultés, et toutes ces images plus ou moins vagues ou précises remplacent les perceptions totales que je ne puis avoir ; elles me permettraient de me diriger, car elles éveilleraient à leur tour, pourvu que je fusse dans les conditions voulues, les images spéciales qui me seraient nécessaires ; elles me permettront, par le même mécanisme, de parler de la ville, de donner un renseignement, etc. Il serait tout à fait inutile que pour me diriger dans Paris, suivre un boulevard et prendre une rue à droite, je me représente visuellement toutes les maisons que je rencontrerai, les boutiques et leurs devantures, les fenê tres, les tables de cafés, les affiches, les arbres, les pierres de la chaussée, etc., ou, par l'imagination correspondant au sens musculaire, tous les mouvements que j'aurai à faire dans le parcours. Aussi tout cela n'existe pas en réalité dans mon esprit. Nous isolons toujours des sensations, par un procédé d'abstraction, certaines parties, cer taines qualités, la représentation plus ou moins abstraite, et abstraite de façon ou d'autre, qui suffit pour nous faire connaître suffisamment la réalité dont nous avons besoin et pour nous renseigner sur les moyens d'arriver à l'ensemble de perceptions que nous désirons et que doit nous donner le but de notre marche. Une image abstraite, ou incomplète, s'est ainsi substituée à un ensemble d'images concrètes ou de perceptions et l'a remplacée avec avantage car elle ne m'a présenté, de la réalité concrète, que les caractères essentiels, ou à peu près.

Il y a donc des images *abstraites*, soit qu'elles ne représentent qu'une partie prise telle quelle de la perception, comme lorsque de la perception d'une maison s'isole, dans l'image, une fenêtre, le le reste étant rejeté, soit qu'elles ne gardent que certains caractères de la perception, comme lorsqu'elles conservent les couleurs aux dépens de la forme, ou la forme aux dépens de la couleur. Peut-être toutes nos représentations sont-elles plus ou moins abstraites, peut-être ne nous donnent-elles jamais la copie absolument complète de la perception. Il y a aussi, et pour la même raison, des images *générales*, des images qui sont extraites de plusieurs objets réels, et qui peuvent représenter des groupes de sensations différentes. Le voyageur qui se trouve au milieu d'une tribu de sauvages inconnus, trouve qu'ils se ressemblent tous, et ne sait pas toujours les distinguer. Bien que les sensations qu'il a soient différentes, il ne peut que les confondre. Dans ce cas-là l'image qu'il peut se former est générale et représente aussi bien un individu que l'autre.

Voici donc que l'imagination qui représentait d'abord une réalité absente, et puis une réalité complexe, trop complexe pour être entièrement évoquée par notre esprit, en vient à représenter une réalité abstraite et générale. Ce que nous connaissons par elle, ce n'est pas seulement la réalité telle que nos sens nous la montrent ou peuvent nous la montrer, ce sont aussi ses caractères généraux, ses formes essentielles qui n'ont point d'existence concrète individuelle, mais qui existent dans les objets concrets et par suite dans les sensations et les perceptions d'où l'esprit les tire, spontanément dans la plupart des cas, et volontairement quelquefois, en formant ses images et surtout ses idées abstraites et générales. Par ces dernières l'esprit va produire en lui la représentation de l'immense, de l'indéfini et de l'universel, de tous les rapports abstraits, de ce qu'il doit considérer comme l'essence dernière des choses.

L'idée ne se distingue pas très nettement, dans

ses formes les plus simples, des formes affaiblies de l'image, de même que les formes très vives de l'image n'étaient pas toujours faciles à séparer des perceptions. L'idée particulière, c'est l'image affaiblie, ou un système d'images plus ou moins nettes et fragmentaires tel que ceux que nous venons d'étudier. L'idée abstraite et générale se dégage peu à peu de l'expérience et de l'activité. Chez les êtres à l'esprit primitif, chez les sauvages, chez les enfants, chez nous tous quand il s'agit de choses que nous connaissons encore peu et de pratiques nouvelles, on en surprend les rudiments grossiers et imparfaits. Un enfant de huit mois aime beaucoup s'amuser avec une boîte en fer blanc « dans laquelle il fourre tout ce qui peut y entrer, et essaye de fourrer tout le reste. Cette habitude de mettre un objet dans un autre lui tient au cœur. Il a constaté que plusieurs des objets qui tombent sous sa main, un seau, une charrette, une fiole, une trompette, etc., lui offrent cette propriété de pouvoir contenir d'autres objets. Aussi, dès qu'on lui donne ou qu'il rencontre un objet qu'il ne connaît pas, il l'expérimente à cet égard, il le palpe, le retourne, et y cherche quelque apparence d'ouverture [1] ». Ici nous constatons la formation d'une habitude générale à laquelle correspond un état d'esprit qui se rapproche beaucoup de ce que nous appelons une idée générale, très simple d'ailleurs et assez grossière. Une observation de Taine nous montre

1. Bernard Perez, *Les trois premières années de l'enfant.* (Paris, F. Alcan.)

comment cette tendance, cette habitude générale
s'associe à un mot. On montrait souvent à une
petite fille la copie d'un tableau de Luini où est
un petit Jésus tout nu, en lui disant : « Voilà le
bébé ». Elle a fini, quand, dans une autre
chambre, dans un autre appartement, on lui dit
en parlant d'elle-même : « Où est le bébé », par
se tourner vers les tableaux et les gravures quels
qu'ils soient. « *Bébé* » signifie donc pour elle
quelque chose de général, ce qu'il y a de commun
pour elle entre tous ces tableaux et ces gravures,
c'est-à-dire, si je ne me trompe, *quelque chose de
bariolé dans un cadre luisant* [1]. »

Ces exemples, qu'on pourrait multiplier et varier
indéfiniment, peuvent donner une idée de la façon
dont se forment les habitudes abstraites de l'esprit. Il y a des réactions semblables provoquées
par les qualités générales que nous retrouvons
dans certains objets, ces réactions laissent en nous
une habitude correspondant à un état d'âme que
nous appelons idée générale. L'idée générale n'est
pas essentiellement une copie des impressions,
cependant elle correspond souvent à une sorte
d'image plus ou moins vague et effacée qui peut
aller, semble-t-il, et je serais assez porté à le
croire d'après mon expérience personnelle, jusqu'à
la représentation abstraite, jusqu'à un extrait très
peu concret des perceptions ou des images. Mais
le fonctionnement de l'esprit exige très souvent,
pour que le maniement en soit facilité, que les
idées abstraites et générales soient rattachées soit

1. Taine, *De l'Intelligence.*

à des images assez nettes, soit à des réactions précises et faciles à reproduire. Les procédés employés varient beaucoup selon les personnes, chacun a ses procédés individuels qui ressemblent plus ou moins à ceux du voisin, et l'on pourrait répartir en quelques grandes classes ces variations individuelles. Les personnes qui pensent par représentations réellement abstraites paraissent relativement rares, encore la représentation abstraite n'est-elle pas chez elles, et il s'en faut, le seul élément de la vie intellectuelle. Beaucoup rattachent à leurs idées abstraites des images concrètes qui les accompagnent et les soutiennent, en rendent l'usage plus facile. Un savant étranger m'expliquait un jour un système d'images très compliqué qu'il employait ainsi. Ribot a fait beaucoup d'observations pour savoir ce qui se passe dans l'esprit quand on pense. Il a trouvé très répandu le type concret, qui existerait « presque exclusivement chez les femmes, les artistes et tout ceux qui n'ont pas l'habitude des abstractions scientifiques. » Un peintre, par exemple, devant qui on prononçait le mot *loi*, voyait des juges en robe rouge, au mot *force* il abat les mains pour donner un coup de poing.

Mais c'est le langage qui nous donne le grand véhicule des idées abstraites. Le mot, cette petite représentation ou cette petite action courte et aisée à reproduire, s'est tellement attaché à l'idée qu'on a pu le confondre avec elle et soutenir, à tort selon moi, que par delà les mots généraux, nous n'avons pas d'idées générales. L'habitude du langage, parlé ou écrit a beaucoup fait d'ailleurs pour fortifier ces associations et pour les développer, en même temps qu'elle en était développée elle-même.

Nous voyons comment le processus synthétique se poursuit : de la sensation, synthèse d'impressions élémentaires, à l'image, synthèse d'éléments de la perception, à l'idée, synthèse d'éléments empruntés à de grandes quantités de perceptions et d'images très variées. D'autres phénomènes intellectuels nous montrent de nouvelles formes et des complications de cette opération. Le *jugement*, la *croyance*, est une association systématique d'idées et d'impressions, dans laquelle une des idées ou des images est spécialement désignée comme associée avec les autres, et un peu isolée des autres de façon à se prêter à de nouvelles combinaisons avec plus de facilité. Si je dis que la couverture de tel livre est jaune, j'affirme l'association de la sensation réelle ou possible que je traduis par : couverture jaune, avec l'ensemble de sensations réelles ou possibles (couleur blanche des tranches du livre, couleur noire des lettres imprimées, sensations de tact, etc.), qui, pour moi, constituent le livre. Le jugement s'accompagne souvent d'une affirmation mentale ou exprimée et formulée en mots pensés, prononcés ou écrits, mais il peut exister indépendamment de toute expression et ne consister qu'en images et en idées.

Le *raisonnement* est une synthèse de jugements, où précisément les qualités mises à part et spécialement signalées par le jugement sont utilisées, servent de lien entre les différents jugements et conduisent l'esprit de l'un à l'autre. Souvent la vérité qui sert de point de départ au raisonnement est particulière, la vérité à laquelle on arrive directement est particulière aussi. C'est le mode instinctif du raisonnement le plus primitif, celui des animaux et des enfants, souvent aussi des grandes personnes. C'est celui que fait instinctivement l'enfant qui, s'étant brûlé une fois, évite d'approcher son doigt du feu. L'*induction* va du particulier au général, elle aboutit à une formule générale. Si ayant constaté que les pierres lancées en l'air retombent sur la terre, j'arrive à exprimer le fait dans une proposition générale, je fais une induction. La *déduction* au contraire peut aller du général au particulier. Si je dis « tous les hommes sont mortels, Pierre est homme donc Pierre est mortel », je fais un syllogisme. Mais le premier terme, la majeure, suppose une induction préalable qui nous a conduits à admettre que la qualité de mortel était toujours jointe à l'ensemble de qualités que nous désignons par le mot homme. En définitive toutes les formes de raisonnement se rapprochent assez l'une de l'autre, et on les a peut-être trop séparées et trop opposées. Leurs différentes formes arrivent presque à se confondre, surtout si l'on tient compte des habitudes organisées de l'esprit qui représentent des sortes d'idées générales inconscientes et non expressément formulées. On trouvera alors que les ressemblances sont profondes entre les divers modes de raisonnement et les différences superficielles ou extérieures.

Nous sommes arrivés peu à peu, en partant des

représentations les plus simples, à celles qui sont les plus complexes, de la simple perception de l'objet présent, nous arrivons à la connaissance des vérités les plus abstraites et les plus générales et qui se vérifient indéfiniment dans l'espace et dans le temps. Le système d'abord si borné de notre science s'élargit jusqu'à comprendre le monde.

Il peut même le dépasser. A côté de cette intelligence reproductrice et qui se borne à reproduire de son mieux et selon sa nature ce qu'elle trouve en dehors d'elle, il faut considérer l'imagination créatrice. Les éléments de nos perceptions, de nos images et de nos idées se combinent de façon à reconstruire le monde réel, mais aussi de façon à construire un monde idéal. C'est le principe de l'erreur et du mensonge, mais c'est le principe aussi de l'invention esthétique et même de la découverte du vrai qui s'opère par des procédés analogues, car l'invention telle que la fait le savant, ne diffère pas essentiellement par sa nature de l'invention du poète ou de l'artiste. Et ici encore nous trouvons la même gradation, et nous pourrions partir des plus simples modifications dans la reproduction imaginative d'une perception pour arriver aux plus hautes conceptions de l'artiste, du sociologiste, du moraliste ou du philosophe qui arrivent à construire un monde idéal aussi vaste que l'autre, et plus beau, souvent plus harmonieux, et qui parfois, par la force de réalisation de l'idée, entraîne la modification du monde réel et le force à lui ressembler [1].

1. Sur les images, les idées, les jugements et les raisonnements, on peut consulter : Bernard, *De l'aphasie*;

II. — Les tendances, les sentiments, les émotions.

L'intelligence reproduit le monde en l'homme et en même temps donne à l'homme les éléments qui lui serviront à réagir sur le monde et à s'harmoniser avec lui par une double adaptation. Mais cette adaptation ne s'effectue que par l'activité organique. Et cette activité présente une gradation tout à fait comparable à celle que nous trouvons en étudiant l'intelligence. Elle part de l'action réflexe, coordination de mouvements relativement très simples, réponse immédiate à une excitation perçue (consciemment ou non) par un centre nerveux et s'élève jusqu'aux actes les plus compliqués, qui peuvent intéresser une grande partie de notre monde, sinon, dans une certaine mesure, l'univers entier. Ils sont provoqués par des perceptions et des idées innombrables très longuement élaborées par l'intelligence, comparées, faites et refaites, transmises de générations en générations, et par conséquent ont pour point de départ primitif non plus une excitation isolée,

Binet, *Physiologie du raisonnement*; Brière de Boismont, *Des hallucinations*; Mill (Stuart), *Système de logique inductive et déductive*; Paulhan, *L'activité mentale*; *L'abstraction et les idées abstraites, les formes les plus élevées de l'abstraction*, Revue philosophique, 1889: *L'invention*, Revue phil., 1893; B. Perez, *Les trois premières années de l'enfant*; *l'enfant de trois à sept ans*, etc.; Ribot, *L'évolution des idées générales*; Taine, *De l'Intelligence*.

comme l'acte réflexe, mais une immense quantité
de phénomènes sociaux ou cosmiques. Nous
voyons ainsi s'échelonner toute une série de tendances plus ou moins compliquées, celles qui
n'intéressent que le bon fonctionnement de l'organisme et s'accomplissent régulièrement et d'une
manière relativement simple, les besoins organiques variés, le besoin de nourriture, de boisson, la tendance sexuelle, etc., puis les tendances
qui se rapportent à la vie mentale, l'amour des
sciences, des lettres, de l'art, puis les tendances
qui se rapportent à la vie générale des individus,
l'égoïsme ou l'ambition, la sympathie et la pitié,
puis les tendances déterminées par des groupes
sociaux, l'amour de la famille et de la patrie, les
passions politiques et sociales, enfin les passions qui dépassent l'humanité, l'amour de Dieu
ou l'amour du bien, du vrai et du beau. A
mesure qu'on monte on voit s'élargir à la fois et
le cercle d'où partent les excitations venues du
dehors et le cercle qu'atteignent les réactions de
l'individu, en même temps que se complique la
phase centrale du réflexe, qui devient réflexion,
méditation, d'une part au point de vue intellectuel, amour, désir, passion, joie, douleur, etc.,
d'autre part au point de vue affectif. La perception,
l'image et l'idée nous apparaissent ainsi comme
des éléments des tendances, et les phénomènes
affectifs que la conscience nous fait connaître, le
plaisir et la douleur, les sentiments, les émotions
tiennent à la façon dont s'exerce l'activité des tendances et se manifestent selon que ces tendances
peuvent se développer librement et se satisfaire,

ou bien qu'elles sont, au contraire, enrayées et contrariées.

Il est à remarquer que lorsque la tendance se satisfait librement et facilement, elle tend vers l'inconscience, et qu'elle peut y arriver. On peut constater que les besoins organiques se révèlent à nous par des sensations lorsque les fonctions qui leur correspondent s'accomplissent mal, ou tout au moins d'une façon insolite. Même des tendances très complexes, l'amour, les passions sociales, donnent lieu à des phénomènes bien plus marqués et bien plus vifs lorsqu'elles sont contrariées. La jalousie, par exemple, exaspère l'amour, et le zèle pour un régime politique est bien plus vif quand c'est un régime ennemi qui est établi. Il s'atténue, se calme, se transforme ou se corrompt après le succès. Le phénomène intellectuel, l'image ou l'idée semblent se rapporter au jeu de tendances assez complexes, et, lorsqu'ils interviennent seuls, assez systématisées déjà. Au contraire, si le jeu des tendances est plus difficile, soit qu'elles soient encore mal formées, soit qu'elles rencontrent des obstacles, nous voyons intervenir en grand nombre d'autres faits, les phénomènes affectifs, les émotions et les sentiments conscients, qui indiquent un trouble plus ou moins grand, un défaut d'adaptation plus ou moins marqué, mais qu'ils tendent à diminuer.

Nous voyons ainsi une tendance arrêtée, contrariée, se manifester d'abord par des phénomènes intellectuels, nous pensons alors à ce que nous pourrions faire pour la satisfaire, l'idée de ce qu'elle réclame se présente à nous, d'abord presque indifférente, puis avec plaisir, puis avec angoisse, jusqu'à ce que la satisfaction arrive et ramène la joie d'abord, puis le calme. Qu'on réfléchisse par exemple à ce qui se passe dans le cas de la faim et de la soif. Naturellement je simplifie beaucoup les choses, car il y a bien des complications, des éclipses du besoin, des nuances que je ne pourrais indiquer ici.

Si nous recherchons les conditions générales des émotions, nous pouvons, il me semble, préciser un peu ceci. Le plaisir et la douleur, par exemple, phénomènes qu'on ne peut guère décrire, mais que tout le monde connaît pour les avoir éprouvés, paraissent bien se rattacher à la façon dont nos tendances se forment et se satisfont. Quand une activité capable de se faire sentir à la conscience s'exerce à peu près librement, quand la tendance se satisfait sans peine, mais pas non plus très vite ou très facilement, il se produit en général une impression de plaisir, et quand notre activité est trop contrariée, quand nos tendances ne peuvent trouver satisfaction, il se produit au contraire une impression de peine. Les exemples abondent et sont faciles à trouver. Le plaisir de manger lorsqu'on a faim, de lire un roman intéressant, le plaisir de marcher lorsqu'on est resté longtemps assis, d'apprendre qu'un projet que nous formions est réalisable, le plaisir que nous canse une réussite quelconque, rentrent bien évidemment dans cette formule comme la douleur que nous cause une soif ardente et qu'on ne peut étancher, la fatigue pénible d'un travail intellectuel trop prolongé, ou d'une marche exagérée, la douleur d'un échec (si des raisons spéciales ne nous le rendent pas agréable, parce qu'en contrariant quelques-unes de nos tendances il en favorise d'autres plus fortes), le chagrin que nous cause le départ d'un ami, etc. Toutefois il n'est pas toujours facile d'expliquer le détail des faits et l'on est obligé, pour soutenir la théorie, de recourir souvent à l'hypothèse.

Le plaisir ou la douleur peuvent accompagner des phénomènes psychiques de n'importe quelle nature, des sensations, des émotions, des idées, des images. Certains états du corps ne se révèlent même que par une douleur ou un plaisir vague que nous ne pouvons rattacher à une cause déterminée.

On appelle en général sentiment ou passion, selon son degré de force, l'ensemble formé par une tendance et les phénomènes affectifs qui viennent s'y joindre et sont révélés par le sens intime. L'amour, l'ambition, la haine, etc., sont des sentiments ou des passions. On pourrait discuter sur la nature des phénomènes subjectifs du sentiment et de la passion. Souvent décrits par les romanciers, ils ont été un peu négligés par les psychologues et sont encore assez mal connus et mal classés, quoique chacun puisse se faire, par ses souvenirs et son expérience, une idée, peut-être un peu confuse, de ce qu'ils sont. Les émotions sont des phénomènes parfois assez brusquement produits, quelquefois violents et souvent peu durables. Tandis que le phénomène affectif qui accompagne le sentiment ou la passion est ou semble être l'accompagnement d'une évolution normale et spontanée, l'émotion est due à une action directe du monde extérieur ou à l'intervention soudaine d'une idée et cette idée agit à la manière du monde extérieur par rapport à la tendance qu'elle heurte et à laquelle elle est étrangère. Elle accompagne souvent la satisfaction d'une tendance quand cette tendance a acquis une grande intensité, et qu'elle se satisfait d'une manière un peu brusque et inattendue. On est plus ému, en général, de rencontrer une personne très chère qu'on n'avait pas vue depuis longtemps et qu'on ne s'attendait pas à revoir, qu'à rencontrer une personne également chère qu'on voit à tout moment. L'émotion peut accompagner non seulement la satisfaction réelle d'un désir, mais aussi sa satisfaction imaginative, elle accompagne également par moment l'exaspération d'un désir, quand quelque réflexion, quelque événement extérieur vient l'aviver. Elle se produit quand la tendance organique ou psychologique nous paraît sur le point d'être contrariée ou satisfaite, ou bien lorsqu'elle l'est en réalité; ce sont là ses rapports avec les sentiments et les passions, pour autant qu'on peut établir une distinction un peu précise entre ces différents phénomènes.

La classification des émotions doit se faire d'après leur caractère propre, on peut les distinguer en émotions qui accompagnent la satisfaction des tendances, émotions qui se manifestent quand une tendance n'est pas satisfaite, émotions qui accompagnent une tendance contrariée. Chacun de ces groupes se distingue assez aisément des autres : la peur, la rage, la colère ont des carac-

tères analogues qui les distinguent de la joie, de
l'émotion tendre, du plaisir sexuel d'un côté, et,
de l'autre, des émotions de l'espérance ou de l'at-
tente; cependant la distinction que j'indique peut
bien, en certains cas, paraître artificielle. Dans
chaque groupe on distinguerait encore les émotions imaginatives ou idéales, et les émotions
sensationnelles, se rattachant les premières à
l'exercice de l'imagination (crainte, espérance),
les autres à des perceptions ou à des sensations
(suffocation, faim, soif, plaisir sexuel). Enfin on
pourrait établir encore une autre subdivision par
les parties de l'organisme (organes ou cerveau) à
l'activité desquelles elles sont principalement rattachées.

En ces dernières années on a beaucoup travaillé pour mieux préciser les phénomènes physiologiques auxquels correspond l'émotion, qui l'accompagnent et la suivent. Et même certaines
questions se posent un peu autrement qu'elles ne
se posaient jadis. On parlait autrefois de l'influence des émotions sur la vie physiologique, de
l'expression des émotions. On a maintenant une
tendance à considérer les phénomènes physiologiques qui accompagnent l'émotion comme faisant
partie intégrante de ce fait psychique. Une théorie
de Lange et de William James qui a fortement
attiré l'attention y voyait même le principal élément, le facteur essentiel de l'émotion. En d'autres
termes on ne tremble pas parce qu'on a peur, on
a peur parce que l'on tremble. Ce que nous appelons la peur, c'est l'état de conscience produit
par le tremblement et les autres phénomènes phy-

siologiques qui lui sont associés. D'ailleurs cette théorie acceptée par plusieurs psychologues, a été aussi vivement critiquée.

L'émotion a des rapports intimes avec la circulation. On sait assez que l'observation commune attribue, avec raison en somme, mais non sans de graves erreurs, une grande place au cœur dans la vie du sentiment. Lange avait pensé que la joie devait s'accompagner d'une dilatation des artérioles. Les expériences de G. Dumas l'ont conduit à admettre qu'il y avait deux formes de joie très distinctes au point de vue de leur influence sur la circulation et qu'il fallait compliquer un peu plus la théorie. Binet et Courtier arrivent, de leur côté, après de nombreuses expériences à conclure : « toutes les émotions que nous avons provoquées sont, quelle que soit leur qualité, des excitants du système nerveux ; elles provoquent des vaso-contrictions et accélèrent la respiration et le cœur ».

Nous reviendrons tout à l'heure sur l'expression des émotions considérée à un autre point de vue. Il ne s'agit maintenant que des conditions de l'émotion. Après les conditions physiologiques sur lesquelles il y aurait beaucoup à dire, on est allé jusqu'à rechercher les conditions chimiques. « Les sensations internes fondamentales liées à la nutrition et à ses conditions immédiates, à la fatigue et au sommeil, qui résultent l'un et l'autre d'un empoisonnement des centres nerveux, à la vie sexuelle, sont dues à des excitations de cause chimique. » Les émotions qui sont étroitement liées à ces sensations ont donc aussi des causes de nature chimique. « Même en dehors des maladies mentales, la sécrétion urinaire fournirait un gros contingent de changements chimiques (azoturie, oxalurie, phosphaturie, etc.) coïncidant avec des variations de l'ordre affectif, telles que l'appréhension, la mélancolie, l'irritabilité. Chez les goutteux et les rhumatisants, les modifications d'humeur dépendant bien plus de la nutrition genérale que de la souffrance actuelle ont été souvent signalées [1]. » (Ribot).

III. — La volonté.

La volonté ne nous montre pas un fait psychologique qui se distingue de ceux que nous connaissons déjà comme ceux-ci se distinguent entre eux, comme un son se différencie d'une couleur, par exemple, ou le mal de dents de l'idée de l'infini. Elle est un mode particulier de synthèse des phénomènes que nous connaissons déjà. Je veux dire qu'il n'y a rien dans la volonté qui ne soit dans l'intelligence ou dans les tendances si ce

1. Consulter Bain, *Les émotions et la volonté*; Binet et Courtie·, *Influence de la vie émotionnelle sur le cœur, la respiration et la circulation capillaire*, Année psychologique, 1897; F. Bouillier, *Le plaisir et la douleur;* G. Dumas, *Recherches expérimentales sur la joie et la tristesse*, Revue philosophique, 1896; Grote, *Classification nouvelle des sentiments*, Revue philosophique, septembre 1878; Lange, *Les émotions*, Paris, F. Alcan; Letourneau, *Physiologie des passions*; Paulhan, *Les phénomènes affectifs et les lois de leur apparition*, Paris, F. Alcan; Ribot, *La psychologie des sentiments*, F. Alcan; Richet, *La douleur*, Revue philosophique, nov. 1877; Spencer, *Principes de psychologie*, Paris, F. Alcan.

n'est la volonté elle-même, c'est-à-dire la forme spéciale de synthèse que nous désignons sous ce nom et qui vient unir d'une façon particulière les idées, les sentiments et les représentations motrices.

Mais la volonté est le dernier ou le premier terme, selon le sens dans lequel on prend la série, qui est d'ailleurs réversible, d'une catégorie de phénomènes. Nous avons vu que la phase centrale du réflexe, la transmission de l'excitation à travers la cellule du centre nerveux, devenait, en se compliquant, la réflexion, le sentiment, l'idée, etc. De même la réaction motrice nous mène par des complications successives à la volonté, à moins que l'inverse ne se produise comme nous le verrons ; mais cela revient au même, au point de vue de l'étude statique des phénomènes.

Excitation simple, réaction simple, inconscience, voilà les caractères du réflexe ; s'il se complique un peu la réaction peut se compliquer aussi, quoique restant encore inconsciente. Une nouvelle complication donne ce que Richet a nommé les actes réflexes psychiques, ceux où la réaction est automatique et spontanée, mais est accompagnée de sentiments divers et même d'idées. Nous agissons très souvent de cette manière-là. Une personne nous dit un mot qui nous fâche, nous répondons sans réfléchir, sous l'impulsion du dépit, de manière à la blesser aussi. Nous accueillons la visite d'un ami par des paroles affectueuses, inspirées par un sentiment de plaisir et de sympathie sans que la volonté agisse précisément.

Dans toutes ces circonstances quelques tendances sont seulement en jeu, le moi n'intervient pas dans sa totalité, ou du moins son action se borne à une sorte de contrôle muet, il laisse faire. Nous voyons cependant qu'il est généralement prêt à prendre part, s'il le faut, à la vie mentale. Il suffit souvent qu'une circonstance nouvelle se présente pour décider son intervention. Nous allons spontanément, en réponse à une marque apparente de sympathie, répondre cordialement, lorsqu'un souvenir nous fait penser que notre interlocuteur manque peut-être de sincérité, alors le réflexe psychique est enrayé, la réflexion se produit et le moi intervient pour chercher et donner une réponse un peu plus compliquée qui tienne mieux compte de l'ensemble des circonstances. C'est un acte de volonté.

L'acte de volonté formelle est, dans la vie, plus rare qu'on ne croit. Généralement on s'abandonne au jeu partiel et spontané des tendances qui sont à peu près assez harmonisées entre elles pour ne pas trop se contrarier même en agissant sans l'intervention du moi. D'ailleurs, même lorsqu'elles ne sont pas en activité, elles seraient assez vite éveillées par un acte qui irait directement contre elles. Parfois, cependant, on regrette de « n'avoir pas réfléchi », c'est-à-dire de n'avoir pas éprouvé la tendance qui nous a fait agir en la confrontant avec d'autres, en essayant de les combiner, de n'avoir pas, en un mot, fait un acte de volonté.

L'acte de volonté comprend la délibération et la décision. La délibération consiste dans le fait d'évoquer les divers motifs qui peuvent influencer notre décision, de susciter toutes les idées, tous les désirs qu'elle peut intéresser. L'homme qui doit se décider sur une question grave en faisant acte de volonté, à choisir une carrière, par exemple, fait appel à toutes ses idées et s'en crée, s'il le peut, de nouvelles ; il cherche le plus grand nombre de renseignements possibles, les vérifie, les apprécie et les combine, il consulte ses goûts personnels, imagine différentes situations et tâche de comprendre leurs avantages et leurs inconvénients par rapport à lui ; puis si deux choix différents le tentent de façon à peu près égale, il examine encore. Toutes les tendances, et le moi lui-même dont nous verrons tout à l'heure la nature, interviennent ainsi ; il se forme un essai très complexe de synthèse puisqu'il s'agit de trouver une solution qui intéresse une grande partie de nos idées, de nos désirs, de nos tendances que nous mettons spécialement en activité pour qu'elles puissent s'unir dans un même acte, ou pour nous assurer au moins qu'elles ne seront pas trop contrariées par la décision prise, ou que, si quelques-unes le sont, cette contrariété même aura été prévue et aura compté comme élément de la délibération.

La décision est la fixation définitive de l'esprit, c'est la partie essentielle de l'acte de volonté. C'est une synthèse plus ou moins brusque, une systématisation qui se forme et oriente l'esprit d'une manière nouvelle et précise. Quelquefois elle se produit assez vite et sans difficultés, la délibération ne laisse pas de place à l'hésitation, alors il s'opère une acceptation par l'esprit d'un acte ou d'une série d'actes. L'esprit a changé il a adopté certains éléments qui lui étaient étrangers encore, il s'est modifié par sa force propre. Mais le phénomène est plus net quand il y a eu hésitation. Nous avons tardé à faire notre choix. Les deux partis à prendre, les deux actes à commettre nous semblaient aussi acceptables l'un que l'autre, la synthèse définitive, s'ébauchait de deux manières différentes et opposées sans se fixer. Puis à un moment donné, il a fallu prendre parti. Alors le moindre événement suffit pour déterminer, parfois assez brusquement, la décision. L'intervention d'un tiers, une réflexion subite, une influence inconnue qui devait être insignifiante, l'excitation d'un bon repas, une impression de fraîcheur agréable, l'énervement d'un bruit dans l'appartement voisin nous excitent ou nous dépriment et font tout d'un coup pencher l'esprit dans un sens ou dans l'autre. En ce moment il se produit un changement notable, l'unité de l'esprit est momentanément reformée sur un plan nouveau, et dans les cas les plus marqués, les idées et les tendances qui militaient pour le parti vaincu sont oubliées, chassées de la conscience, il semble presque qu'elles n'ont jamais existé.

Sous cette forme, que j'ai à dessein prise parmi les mieux caractérisées, l'acte de volonté est très rare. Mais il y a beaucoup de degrés entre cet acte et le réflexe psychique. On les imagine assez aisément et d'ailleurs l'expérience nous les montre sans cesse.

C'est une question un peu négligée maintenant

par les psychologues, mais qui intéresse encore les philosophes que de savoir si la volonté est déterminée, si dans un cas précis deux actes volontaires sont également possibles ou si nos actes psychiques s'enchaînent rigoureusement comme paraissent le faire les phénomènes du monde physique. L'induction psychologique est favorable au déterminisme, à mon avis, et l'indétermination, la liberté d'indifférence, paraît être une simple apparence produite par la complication et le peu de régularité des phénomènes. Mais je ne puis examiner ici longuement cette question.

A la volonté il faut rattacher la réflexion et l'attention, au moins à certaines de ses formes. Nous trouvons encore ici l'activité du moi, mais au lieu de s'employer à l'accomplissement d'un acte, elle maintient comme centre du système qu'elle impose un état psychique, une idée ou un sentiment, ou un ensemble plus compliqué de ces phénomènes. L'impression particulière que nous donnent l'attention et la réflexion, comme aussi l'effort de la volonté, paraît due en grande partie du moins à des sensations musculaires. Quelques auteurs avaient admis une sensation donnée directement par le phénomène cérébral, une sensation efférente, mais cette opinion paraît maintenant assez peu en faveur.

1. Voir Bain, *Les sens et l'intelligence*, Paris, F. Alcan ; *Les émotions et la volonté*, Paris, F. Alcan ; Fouillée, *La liberté et le déterminisme*, Paris, F. Alcan ; *Psychologie des idées-forces*, Paris, F. Alcan ; Janet (Pierre), *L'automatisme psychologique*, Paris, F. Alcan. James (William), *Le sentiment de l'effort* ; Paulhan, *L'activité*

IV. — La Personnalité.

Tout les faits que nous avons étudiés jusqu'ici sont les éléments de la personnalité. Nous les avons vus se compliquer de plus en plus, depuis les sensations jusqu'aux tendances les plus élevées qui mettent en jeu des idées très nombreuses, des perceptions et des phénomènes affectifs variés. Un grand nombre peuvent d'ailleurs être employés par des tendances très diverses, ainsi l'amour du bien-être, qui est déjà une tendance assez compliquée, peut entrer comme élément dans l'ambition ou dans l'hypocrisie. Ces tendances, qui sont, pour la plupart, assez variables, se forment et se transforment continuellement, s'associent ou se combattent, ou forment en s'unissant des tendances plus complexes. Ainsi la systématisation s'étend dans l'esprit.

Mais supposons que toutes nos tendances viennent à s'unifier, que presque tous les phénomènes de l'esprit se coordonnent de mieux en mieux, de façon à ce que tous, en gardant chacun une certaine individualité et une certaine indépendance, s'unissent et se subordonnent à l'ensemble que constitue leur réunion. Cette coordination générale, cette finalité interne fondée sur l'organisation physiologique qui lui sert de sup-

mentale, 2ᵉ partie, liv. I, chap. iv et liv. II, chap. iv ; Ribot, *Les maladies de la volonté*, Paris, F. Alcan ; *Psychologie de l'attention*, Paris, F. Alcan ; Renouvier, *Traité de psychologie rationnelle*, et *l'Année psychologique.*

port et de base et dans laquelle tous les organes sont unis pour l'entretien de la vie, c'est ce que nous appelons l'esprit même, l'âme, le moi, dans sa nature essentielle et réelle. Subjectivement il est représenté par ce sentiment d'unité et d'identité qui nous fait admettre que nous sommes *une* personne, toujours la même, malgré les changements, et qui paraît résulter de l'ensemble de sensations qui de tous les organes arrivent à chaque instant au cerveau, et aussi d'une conscience obscure de la coordination de nos tendances, de nos désirs et de nos pensées.

De nombreux faits confirment cette conception du moi qui est d'ailleurs assez généralement adoptée aujourd'hui par les psychologues. L'unité du moi est un absolu qui n'est jamais atteint, elle n'est pas parfaite, toujours quelques tendances, quelques idées, quelques désirs conservent une certaine indépendance et ne se soumettent pas à l'ensemble dont ils font partie. Mais dès que cette scission, cette division de la personnalité prend une certaine importance, dès qu'il y a un conflit grave entre des tendances considérables nous voyons paraître l'idée du déboublement de la personnalité, le sentiment de la dualité ou de la pluralité du moi. « Je trouve deux hommes en moi », disait Racine. La littérature a souvent exprimé ce fait. Je rappellerai *le débat du corps et du cœur* de Villon et l'opposition de Tartarin-Quichotte et de Tartarin-Sancho dans le roman de Daudet. Mais les phénomènes pathologiques montrent une exagération significative des troubles de la personnalité. Tantôt nous voyons le sens du moi se pervertir. Dans quelques cas de la maladie que Krishaber appelait la névropathie cérébro-cardiaque, les malades se plaignent que leur personnalité est changée. Ils n'ont plus les mêmes sensations, les mêmes impressions, et à mesure qu'ils s'habituent à cette nouveauté son effet change, le malade dit d'abord « je ne suis plus moi » parce que la coordination ordinaire s'est affaiblie ou pervertie ; il dit ensuite « je suis un autre » parce qu'une nouvelle orientation tend à s'établir. D'autres fois la personnalité se dédouble réellement. Certaines expériences d'hypnotisme produisent à un degré léger cette désagrégation, mais elle a été mieux réalisée dans quelques cas morbides qui sont devenus célèbres. Le malade alors a réellement deux vies psychologiques distinctes, et passe alternativement de l'une à l'autre. Il oublie même en général, au moins dans une des deux vies, ce qui s'est passé dans son autre existence. Son caractère varie d'un état à l'autre, et son intelligence n'a plus les mêmes qualités. On dirait, en forçant un peu la note, que deux personnalités psychiques viennent alternativement se remplacer dans le même organisme.

Aucune personnalité ne ressemble pleinement à une autre, aucun élément de cette personnalité n'est non plus entièrement semblable à l'élément analogue d'une autre personnalité. Je diffère de mon voisin, et ma façon de sentir, de goûter, de voir ou d'entendre diffère de la sienne. Nous n'avons au fond ni une idée ni un sentiment qui nous soient entièrement communs. Et les différences des détails et celles de l'ensemble se commandent et s'aggravent réciproquement. C'est en partie parce que la vision, les sensations internes, etc., ne sont pas les mêmes chez deux personnes que leur personnalité diffère, mais c'est aussi parce que leur personnalité, leurs habitudes d'esprit, leur mode général de penser et de sentir est différent qu'elles ne peuvent ni voir ni entendre de la même façon. Cependant toutes les personnes ne diffèrent pas également l'une de l'autre. Il en est qui se ressemblent jusqu'à un certain point et à certains égards dans leurs façons d'agir, de sentir et de comprendre. On peut ainsi en étudiant les individus à ce point de vue déterminer quelques grandes classes d'intelligences et de caractères (le caractère étant la personnalité considérée surtout au point de vue de ce qui la différencie des autres personnalités). L'attention des psychologues a depuis quelques années été beaucoup plus attirée par ces questions qui constituent, au fond, avec quelques autres de même ordre, la véritable matière de la psychologie, et qui préparent la transition de la psychologie à la science sociale.

L'individu, en effet, et surtout l'esprit qui est l'individu pensant, sentant et agissant, est l'élément de la société, et de même que la psychologie a sa base dans la physiologie, elle a son prolongement dans la sociologie. La société est un système d'individus et de groupes sociaux secondaires ou de parties de groupes sociaux (familles, syndicats, communes, églises, etc.,) comme l'individu est un système d'éléments psychiques (perceptions, idées, sentiments, etc.) et de tendances diverses où entrent ces sentiments. Un individu peut faire partie de plusieurs groupes sociaux, d'une famille et d'un syndicat, comme une idée ou un sentiment peut entrer dans plusieurs tendances. Mais si l'individu est l'élément de la société il est presque entièrement façonné par elle, comme les éléments de l'esprit, idées ou sentiments, portent la marque de la personnalité dans laquelle ils sont nés. Il n'est pas d'individu qui ne soit influencé et, on peut le dire, qui ne soit créé dans une large mesure par l'influence sociale sous toutes ses formes. La société intervient dans son hérédité, puisqu'elle a formé avant lui ses parents; c'est elle qui lui fournit, par l'éducation, par l'autorité, par l'imitation, etc., les moyens de vivre, et de s'instruire, de se développer ou de s'atrophier le corps et l'âme, c'est même elle qui lui donne l'occasion de penser contre elle, ou le moyen de penser d'une manière indépendante, et c'est elle par conséquent qui, dans une large mesure, se modifie et se reforme par l'intermédiaire de l'individu, comme l'individu se corrige et se transforme par le développement des idées et des désirs qui ne pourraient exister sans lui et qu'il a, volontairement ou non formés et développés. On pourrait poursuivre ce parallèle, et il faudrait indiquer aussi les réserves qu'impose toute comparaison entre des ensembles de phénomènes aussi différents que l'individu et la société. Mais j'ai voulu seulement, après avoir indiqué comment la psychologie se rattachait à la science inférieure, la biologie, montrer comment elle se rattachait aussi à la science qui la suit dans la

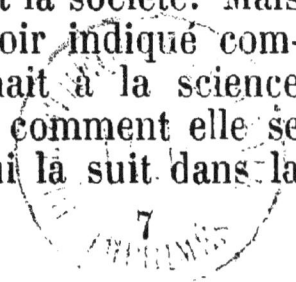

série des connaissances humaines, la science sociale[1].

1. Voir Azam : *Hypnotisme, double conscience et altération de la personnalité*; Binet, *Altérations de la personnalité*; *Psychologie individuelle. Description d'un objet*, (Année psychologique, 3ᵉ année); Binet et Henri, *Psychologie individuelle*, (Année psychologique (2ᵉ année); Bourru et Burot, *Variations de la personnalité*; Fouillée, *Psychologie des idées forces*; *Tempérament et caractère*, Paris, F. Alcan; Izoulet, *La cité moderne*, Paris, F. Alcan; Janet (Pierre), *L'automatisme psychologique*, Paris, F. Alcan; Krishaber, *De la névropathie cérébro-cardiaque*; Paulhan, *L'activité mentale*, partie I, liv. I, chap. v; *Les caractères. Les types intellectuels : Esprits logiques et esprits faux*; Perez (Bernard), *Le caractère, de l'enfant à l'homme*, Paris, F. Alcan; Ribot, *Les maladies de la personnalité, La psychologie des sentiments*, chap. XII et XIII; Roberty (E. de), *La sociologie*, Paris, F. Alcan; Taine, *De l'intelligence*; Tarde, *Les lois de l'imitation*, Paris, F. Alcan.

CHAPITRE III

———

I. — Les lois de la vie de l'esprit.

Nous venons de considérer, en les prenant pour ainsi dire au repos (ce qui est d'ailleurs inexact en un sens, car tout, dans l'esprit, est activité) les différents éléments qui composent l'esprit lui-même. Nous les considérerons maintenant dans leurs relations réciproques et nous tâcherons de voir sommairement ce que c'est que l'activité psychique et comment les différents phénomènes s'éveillent l'un l'autre et s'enchaînent l'un à l'autre.

En règle générale, tout état de l'esprit, qui est déjà une synthèse d'éléments, tend à susciter d'autres états de l'esprit ou de l'organisme qui puissent s'harmoniser avec lui, former avec lui une synthèse systématique supérieure. Cela est vrai généralement, pour les éléments de l'esprit, idées, sentiments, perceptions quand ils agissent isolément, cela est encore plus vrai quand ils sont dirigés par l'ensemble de l'esprit. Les cas qui paraissent faire exception à la règle sont ceux où l'activité indépendante et mal harmonisée d'un élément quelconque, d'une idée ou d'un désir non contrôlé suffisamment par le moi, introduit quelque discordance dans l'ensemble de l'esprit. Mais si la synthèse, la finalité interne est amoindrie ici, elle ne disparaît pas, elle se retrouve dans le jeu même de cet élément, qui, en agissant pour lui, cherche à se conserver et à se développer aux dépens du reste de l'esprit. C'est ainsi que le désir de boire, chez l'ivrogne, tout en tendant à désorganiser l'esprit, évoque les idées et les actes qui peuvent contribuer à le satisfaire. La désharmonie est dans l'ensemble de l'esprit, mais l'harmonie règne dans chaque partie considérée isolément. Il est aussi des cas où l'exception paraît plus réelle et où des phénomènes s'associent l'un avec l'autre, quoiqu'ils ne soient nullement capables de s'harmoniser, simplement parce qu'ils ont un élément commun, et que cet élément commun, faisant partie de deux systèmes différents, s'associera successivement avec l'un et avec l'autre et les amènera à se succéder dans l'esprit sans qu'un lien logique les enchaîne. Ici encore il y a association systématique, mais seulement dans chaque opération prise à part et non dans l'ensemble du processus. C'est ce qui se produit, par exemple, dans l'association par assonance, lorsque deux mots qui ne sont points unis dans une proposition logique sont rattachés l'un à l'autre par une partie commune qui les réveille logiquement tous les deux. Enfin il est des cas où cette explication peut être encore valable, mais où nous ne pouvons que la supposer; on dirait qu'il se produit pour ainsi dire une action mécanique, une action non psychologique de l'esprit. La force dégagée ne trouvant pas à s'employer systématiquement s'emploie au hasard, c'est-à-dire provoque des phénomènes incohérents, selon les appareils nerveux ou musculaires qu'elle va influencer. Parmi ces phénomènes on peut citer une partie de ceux qui servent à l'expression des émotions et que Darwin rangeait dans les produits de l'excitation directe du système nerveux.

A la loi de l'association systématique s'ajoute la loi de l'inhibition systématique d'après laquelle tout fait psychique tend à empêcher de se produire ou à faire cesser tout fait qui ne peut s'harmoniser avec lui, s'unir à lui pour une fin commune. Par exemple il arrive assez fréquemment qu'une hallucination empêche une perception qui la contredirait. M. Marillier ayant observé sur lui-même, écrit : « Is... (la personne que son hallucination lui montrait) s'écartait alors un peu de moi, elle se plaçait devant un fauteuil de ma chambre qu'elle me cachait, et sa tête me cachait aussi une partie d'une gravure pendue au-dessus du fauteuil : mon hallucination faisait donc *écran* comme un corps opaque. Je voyais à la fois le mur de ma chambre et la personne qui était placée devant, et il m'était impossible de saisir aucune différence de netteté ou d'intensité entre ces deux images [1]. » Mais il est tout à fait ordinaire qu'une perception empêche une illusion ou une hallucination de se produire. On en a la preuve par l'ob-

---

1. Marilier, *Etude de quelques cas d'hallucination observés sur soi-même, Revue philosophique,* t. XXI.

servation de ce qui se passe lorsque cette inhibi-
bition ne s'opère pas et que l'image ou l'idée
aboutissent à l'hallucination; c'est ce qui paraît
bien se produire dans le sommeil, par exemple.
Tous les auteurs ont constaté que la production
des hallucinations est favorisée par l'obscurité, le
silence, l'occlusion des paupières [1].

Après ces deux grandes lois je place la loi de
contraste d'après laquelle un état psychique tend
à être accompagné (contraste simultané) ou suivi
(contraste successif) d'un état qui lui est opposé,
qui est, au moins à quelques égards, son contraire.
Par exemple après avoir regardé un pain à
cacheter rouge, si nous portons les yeux sur une
feuille de papier gris, nous voyons une tache
ronde verte. Les personnes qui souffrent de la
faim mangent en rêve de succulents repas.

Enfin il faut mentionner encore les lois de ressemblance et de contiguïté d'après lesquelles un
état d'esprit tend à susciter les états d'esprit qui
lui ressemblent ou ceux qui ont jadis été éprouvés
en même temps que lui. C'est ainsi que le cadran
d'une montre pourra nous faire penser par sa
blancheur à du papier, par sa forme à un disque
quelconque, ou que le souvenir d'une personne
pourra nous rappeler une autre personne que nous
avons vue souvent avec elle. Au reste toutes ces lois
secondaires peuvent, à mon avis, se rattacher à la
loi d'association systématique dont elles dépendent

---

1. Voir à ce sujet : Taine, *L'Intelligence*, vol. I, liv. II,
chap. I. L'auteur y consacre tout un chapitre à la tendance hallucinatoire et au rôle des perceptions comme
réducteurs.

toutes ou dont elles ne sont que des formes spécialisées [1].

Les lois que je viens d'énoncer peuvent se
vérifier dans toutes les parties de la psychologie.
Il ne peut être question ici de faire cette étude,
je dirai seulement quelques mots de l'influence
exercée par les organes sur l'esprit, de l'influence
exercée par les phénomènes psychiques les uns
sur les autres, et enfin de l'influence exercée par
l'esprit sur les organes.

II. — L'activité organique et son influence sur l'esprit.

La finalité organico-psychologique se manifeste très bien dans la vie normale en ce que l'état
des organes et les impressions qui y correspondent
tendent généralement à susciter des états psychiques, des efforts ou des volitions qui doivent avoir
pour résultat le bon fonctionnement de la vie organique. Cette finalité est une condition de vie, il
est bien sûr qu'un être chez qui l'association se
ferait en un sens opposé ne pourrait subsister.
Au reste ce caractère des réflexes compliqués se
trouve aussi dans les actes plus simples qui
sont des actions de défense ou de protection de

1. J'ai developpé cette conception de la vie de l'esprit dans *l'Activité mentale*; voir aussi sur la synthèse
mentale Janet (Pierre), *L'Automatisme psychologique*;
Binet, *Psychologie du raisonnement*, et, pour les lois de
contiguïté et de ressemblance : Bain, *Les sens et l'intelligence*.

l'organisme et qui peuvent d'ailleurs manquer leur but, faute d'une coordination assez large. Par exemple le défaut d'oxygène dans le sang produit un essoufflement qui, en augmentant la rapidité de l'acte respiratoire, va remédier à ce défaut. A un degré un peu plus élevé, nous voyons la faim, la soif, susciter les idées, les désirs, les actes qui peuvent arriver à satisfaire les tendances qu'elles manifestent. Il en est de même pour tout ce qui se rapporte à l'instinct et aux réflexes psychiques simples dont le point de départ est un état de l'organisme.

Comme Maudsley l'a fait remarquer il est très difficile d'évaluer l'action exercée par chaque organe sur la vie psychique ; toutefois cela est possible pour certains organes qui n'agissent que dans des conditions qu'on peut connaître, les organes génitaux. Les hommes en pratiquant la castration, pour des motifs d'ailleurs peu scientifiques, la nature en préparant à la puberté la synthèse des impressions génitales et de la vie générale de l'esprit ont comme institué une expérience dont les résultats sont intéressants. Il ne faut pas même ici vouloir trop de rigueur, car avant la puberté, pour des causes probablement complexes, l'enfant ressent des impressions, éprouve des sentiments très analogues à ceux que provoquera le fonctionnement des organes génitaux.

Outre leur influence sur les rêves, sur les hallucinations, etc., les organes génitaux exercent une action intense sur l'intelligence, ils éveillent des préoccupations très vives, des idées nombreuses tendant plus ou moins à la satisfaction de la tendance dont ils sont le point de départ. Et leur influence sur les phénomènes affectifs est énorme ; outre les désirs directs qu'ils inspirent et qui tiennent dans l'esprit une place variable selon les individus, mais généralement assez grande, ils ont produit et ils provoquent continuellement un sentiment très complexe, l'amour, qui contient sans doute des éléments étrangers au désir sexuel et qui répond aussi à d'autres fins, mais dont le désir sexuel forme en quelque sorte la base. Les différences entre l'enfant avant et après la puberté, entre l'homme et l'eunuque, montrent assez combien est profonde leur influence. On l'a peut-être exagérée en disant que c'est vers la puberté que les sentiments altruistes commencent à paraître et que « si l'homme était privé de l'instinct sexuel, la plus grande partie de la poésie et de la morale n'existeraient pas [1]. »

Quand les actes sont impossibles, l'état organique détermine souvent des idées et des désirs conscients. Il n'est pas rare que dans les rêves — et nous retrouvons ici l'association systématique prenant la forme de l'association par contraste, — les tendances non satisfaites viennent à influer sur la production des images, suscitant celles qui se rapportent à leur satisfaction et qui contrastent avec la réalité de la veille. Les personnes chastes font souvent des songes lascifs, et les affamés rêvent de repas plantureux. Cabanis

1. Voir Cabanis, *Rapports du physique et du moral de l'homme*; Letourneau, *Science et matérialisme*, p. 48; *Physiologie de l'amour*, Maudsley; *Physiologie de l'esprit*, p. 347 de la traduction française.

dit, en généralisant, je crois, un peu trop, que les personnes qui ne prennent pas une quantité suffisante de nourriture ont presque toujours, en dormant, le cerveau rempli d'images relatives au besoin qu'elles n'ont pas satisfait. « Trenk rapporte que, mourant presque de faim dans son cachot, tous ses rêves lui rappelaient chaque nuit les bonnes tables de Berlin, qu'il les voyait chargées des mets les plus délicats et les plus abondants, et qu'il se croyait assis au milieu des cuisines, prêt à satisfaire enfin le besoin importun qui le tourmentait. »

Si l'on considère l'immense majorité des faits normaux, l'association systématique, la finalité interne qui n'est que le concours des éléments pour la vie de l'ensemble, se manifestent avec évidence. Mais on est souvent plus frappé des phénomènes qui sortent de l'ordinaire et qui semblent contredire des lois de la vie normale. Il y a sûrement un certain nombre de cas où l'on ne voit guère comment expliquer à notre point de vue les influences exercées. Ces cas sont curieux, mais peu instructifs, en somme, jusqu'ici. Quelques-uns paraissent s'expliquer par des causes purement chimiques ou physiologiques plutôt que psychologiques. Pour d'autres on ne peut guère que parler assez vaguement d'action réflexe.

III. — Influence des phénomènes psychiques les uns sur les autres.

§ 1

Quand l'esprit est sérieusement occupé, lorsqu'il s'applique à un travail intellectuel un peu absorbant ou même simplement lorsqu'une préoccupation un peu vive le tient, lorsqu'un désir l'assiège, les phénomènes psychologiques qui s'y succèdent, idées, images, sentiments et même perceptions s'enchaînent rigoureusement. L'association systématique est à son maximum. Si nous sommes préoccupés d'une idée, si nous tâchons de résoudre un problème qui nous absorbe sans nous offrir de difficulté insurmontable, les idées qui se présentent à notre esprit et qui sont évoquées par celles qui l'occupent déjà, ne sont guère que celles qui peuvent nous servir à développer notre idée ou à résoudre le problème. Pourtant chacune des idées qui sont déjà dans l'esprit pourrait en susciter des milliers d'autres, chaque image qui lui vient en éveillerait, en d'autres conditions, beaucoup d'autres très différentes, chacun des mots qu'il emploie pourrait évoquer bien des états d'âme très variés. Mais de toutes les associations que l'habitude, la ressemblance, les affinités des idées rendraient possibles, une seule est réalisée, celle qui donnera à l'ensemble d'idées dominant le complément qui lui convient, celle qui viendra achever le système. Ainsi, pendant que j'écris ceci, mes idées s'appellent les

unes les autres de façon à former un tout à peu
près cohérent ; cependant les mots que j'emploie
pourraient me suggérer bien des pensées qui ne
me viennent point ; le mot « système » ne me fait
point penser au « système solaire », ou plutôt il
ne m'y a conduit que lorsque j'ai eu besoin de
cet exemple, lorsque cette association a pu entrer
à son tour dans l'ensemble déjà ébauché. Et
mes perceptions mêmes sont influencées par la
marche des idées ; je n'en retiens guère que ce
qui m'est nécessaire pour écrire, c'est-à-dire ce
qui fait encore partie du système général. Je
voyais mon papier, mais je le voyais seulement
pour y diriger ma plume, je ne pensais pas qu'il
est blanc, plus ou moins glacé, etc., je n'apercevais à peu près plus le tapis de la table sur laquelle
j'écris et la perception tactile du porte-plume qui
est entre mes doigts était devenue à peu près
inconsciente. De temps en temps sans doute, quand
l'attention faiblit, d'autres phénomènes. apparaissent, mais je les néglige pour le moment.
Dans l'ensemble du fait l'association systématique
et l'inhibition sont assez évidentes.

Un désir agit ainsi et en certains cas plus fortement. L'homme qu'une passion entraîne ou
qu'une habitude asservit ramène à cette habitude
ou à cette passion une grande partie de ce qu'il
pense, de ce qu'il sent, et même de ce qu'il per-
çoit. Mais il est si évident que l'avare pense
à acquérir de nouveaux biens ou que l'amoureux
voit son esprit hanté par l'image de l'aimée et par
mille rêves plus ou moins confus qui se rapportent à elle que ce n'est guère la peine d'insister. Il

faut signaler pourtant ce fait, si visible qu'il soit, car il arrive parfois en psychologie que ce sont les faits les plus généraux et les plus facilement observables qui passent inaperçus et négligés.

Aucun fait ne saurait s'établir dans l'esprit sans y déterminer une association systématique assez nette. Toute perception implique une sorte de raisonnement inconscient » [1], l'esprit encadre la sensation dans un système d'images, et c'est ce qui constitue au juste la perception. L'interprétation perceptive est continuelle, mais nous ne la remarquons guère que lorsqu'elle conduit à des erreurs ou à des illusions, dans les états anormaux ou semi-anormaux Le raisonnement obscur qui se fait à propos de toute sensation et de toute perception est ainsi mis en évidence dans certaines conditions, lorsque la perception à laquelle nous arrivons nous frappe par son étrangeté. Dans les rêves, par exemple, où les sens sont à peu près inactifs, nous voyons que lorsqu'une impression est transmise à l'esprit par l'un d'eux, les images se rapportant à d'autres sens arrivent pour la compléter; et comme elles ne sont pas enrayées et rectifiées par les perceptions et les idées qui, dans l'état de veille, s'opposeraient à elles, elles peuvent arriver à produire une sorte de perception erronée, une illusion. Ainsi le Dr Gregory raconte que s'étant couché avec une bouillotte remplie d'eau chaude à ses pieds, il rêva qu'il marchait sur l'Etna et qu'il en sentait la chaleur sous lui. Une

1. Voir Wundt, *Eléments de psychologie physiologiques*, Paris, F. Alcan; et A. Binet, *Psychologie du raisonnement*.

autre fois, il lit un récit concernant l'état des colonies pendant l'hiver. Quelques jours après, il rejette, en dormant, ses couvertures, et rêve qu'il passe un hiver à la baie d'Hudson et qu'il souffre beaucoup du froid[1]. Un fait rapporté par Maury montre comment l'esprit peut à propos d'une impression reçue pendant le sommeil construire tout un petit roman et avec quelle rapidité il travaille. « J'étais un peu indisposé, raconte Maury, et me trouvais couché dans ma chambre, ayant ma mère à mon chevet. Je rêve de la Terreur; j'assiste à des scènes de massacre, je comparais devant le tribunal révolutionnaire, je vois Robespierre, Marat, Fouquier-Tinville, toutes les plus vilaines figures de cette époque terrible, je discute avec eux; enfin après bien des événements que je ne me rappelle qu'imparfaitement, je suis jugé, condamné à mort, conduit en charrette, au milieu d'un concours immense, sur la place de la Révolution; je monte sur l'échafaud, l'exécuteur me lie sur la planche fatale, il la fait basculer, le couperet tombe; je sens ma tête se séparer du tronc; je m'éveille en proie à la plus vive angoisse, et je me sens sur le cou la flèche de mon lit qui s'était subitement détachée, et était tombée sur mes vertèbres cervicales, à la façon d'une guillotine. Cela avait eu lieu à l'instant, ainsi que ma mère me le confirma, et cependant c'était cette sensation externe que j'aurais prise pour le point de départ d'un rêve ou tant de faits s'étaient

---

1. Abercrombie, *Inquiries concerning the intellectual porwer*.

succédé [1] ». Le besoin de systématisation va jusqu'à créer des perceptions à l'état de veille. Dans une vision imaginaire un malade croit lutter corps à corps avec une personne et lui appliquer un violent coup de poing sur la figure. Le lendemain matin, voyant entrer son adversaire supposé, il lui aperçut une ecchymose sur la joue[2]. C'est en ce sens qu'il faut interpréter ce que dit Esquirol que « les hallucinations sont ordinairement relatives aux occupations de corps et d'esprit auxquelles se livrait l'halluciné, ou bien elles se lient à la nature de la cause qui a produit l'ébranlement du cerveau [3] ».

Si la perception évoque ainsi des images qui viennent l'encadrer en quelque sorte, et lui donner un sens, l'image fait de même. Nos images des différents sens s'appellent l'une l'autre pour former une conception d'ensemble d'un objet. Si je pense à une orange, à sa couleur, aux inégalités de sa peau, j'ai aussi l'image de la substance qui la tapisse intérieurement, des tranches, j'ai la perception tactile faible de sa consistance un peu molle, des pépins, la représentation de son goût. Et si je me représente mentalement une personne, j'éprouve une sorte de réveil vague des sentiments que j'ai pour elle, de nos relations, de nos propos habituels.

Même phénomène pour les idées, alors même que je ne raisonne pas et que je ne cherche pas à

1. Maury, *Le sommeil et les rêves.*
2. Binet et Féré, *Le magnétisme animal*, Paris, F. Alcan.
3. Esquirol, *Maladies mentales.*

les enchaîner avec rigueur. L'idée d'humanité me fait penser aux rapports de l'humanité considérée comme un ensemble avec les patries particulières, au rôle et à la place de l'humanité dans le monde, etc.

Une idée, un désir peut amener la production, par association systématique, d'une image visuelle vive, à l'état de veille même, chez certains esprits au moins. « Mes personnages imaginaires, écrivait Flaubert à Taine, *m'affectent*, me poursuivent, ou plutôt c'est moi qui suis en eux. Quand j'écrivais l'empoisonnement d'Emma Bovary, j'avais si bien le *goût d'arsenic dans la bouche*, j'étais si bien empoisonné moi-même, que je me suis donné deux indigestions coup sur coup, deux indigestions très réelles, car j'ai vomi tout mon dîner[1] ». Brière de Boismont parle d'un peintre anglais qui pouvait, sans l'avoir sous les yeux, voir très nettement son modèle. « Je prenais l'homme dans mon esprit, dit-il, je le mettais sur sa chaise, où je l'apercevais aussi distinctement que s'il y eût été en réalité, et je puis même ajouter avec des formes et des couleurs plus arrêtées et plus vives. »

Dans les faits que je viens de citer, plusieurs s'éloignent déjà beaucoup de la rigueur systématique que nous avions tout d'abord considérée, l'association y est moins vaste et moins serrée, la chaîne des pensées moins longue. On voit l'esprit s'y fragmenter pour ainsi dire, les idées s'y succèdent et s'y enchaînent avec beaucoup moins de suite.

1. Taine, *De l'intelligence*.

Ceci ne contredit pas ce que je disais de l'association systématique, mais c'est une manifestation différente de cette grande loi. L'association systématique se fait toujours, mais au lieu d'être dirigée par un ensemble considérable de phénomènes psychologiques, elle n'est plus déterminée que par un seul de ces phénomènes ou par un petit nombre. Dans un traité de géométrie où tout s'enchaîne, chaque phrase d'un théorème, chaque idée exprimée est en rapport non seulement avec celle qui la précède et l'amène immédiatement mais avec la démonstration entière et avec l'énoncé du théorème, le théorème lui-même est logiquement rattaché à ceux qui le précèdent dans la même partie du traité, mais cette partie, à son tour, dépend des précédentes qui la contiennent virtuellement. L'ouvrage tout entier est une sorte d'organisme supérieur, admirablement organisé, où tout se tient, où toutes les parties s'impliquent et s'expliquent. C'est le triomphe de la systématisation. Mais il n'en est pas toujours ainsi. Parfois une idée n'est en connexion logique dans l'esprit qu'avec celle qui l'a directement appelée, elle n'est pas en connexion logique avec celle qui a précédemment évoqué celle-là, ou avec celle qui l'a précédée, en remontant un échelon de plus. Il y a bien association systématique d'une idée à l'autre, si l'on prend les idées deux par deux pour considérer leur enchaînement, mais cette association systématique ne relie que chacune d'elles à la suivante d'une part et à la précédente de l'autre, sans que la suivante et la précédente soient entre elles logiquement reliées. Je présente, pour plus de simplicité, sous une forme schématique et régulière, le fait dont je parle, mais les choses ne se présentent naturellement pas avec tant de régularité et de simplicité dans la vie réelle. Cependant on peut très bien retrouver, avec quelques changements, ce procédé de l'esprit dans une foule de raisonnements mal venus si fréquents chez l'homme. En fait il est très rare que la logique d'un raisonneur se soutienne bien longtemps sans défaut, et lorsque la déviation se produit, il nous est en général facile de voir qu'elle est due à ce qu'un des chaînons du raisonnement a évoqué une nouvelle série d'idées qui s'adapte bien à lui, mais ne correspond plus logiquement à ce qui précède.

Mais il est une forme de l'activité de l'esprit où ce procédé est naturel et normal. C'est la rêverie. Ici il ne s'agit plus d'enchaîner rigoureusement des propositions, nous passons d'une image à l'autre et de celle-ci à une troisième sans chercher à garder la même voie. Le lien qui tendait l'esprit s'est relâché et les idées, les impressions flottent à leur gré, éveillant, çà et là, chacune les images qui lui conviennent. Au lieu qu'auparavant toute l'intelligence était rigide et orientée vers le même point, maintenant chaque idée, chaque impression en évoque d'autres selon ses affinités propres et sans grand souci du reste de l'esprit. Ici cette manière d'agir n'a pas de graves inconvénients, mais il se glisse presque toujours un peu de rêverie dans les raisonnements humains.

Deux idées hétérogènes se succèdent ainsi dans

la conscience par le moyen d'un troisième étac. Et quelquefois ce dernier état passe à peu près ou complètement inaperçu de la conscience. « Je pensais au Ben Lomond [1], dit Hamilton, cette pensée fut immédiatement suivie de la pensée du système d'éducation prussien. Or, il n'y avait pas moyen de concevoir une connexion entre ces deux idées en elles-mêmes. Cependant un peu de réflexion m'expliqua l'anomalie. La dernière fois que j'avais fait l'ascension de cette montagne, j'avais rencontré à son sommet un Allemand, et bien que je n'eusse pas conscience des termes intermédiaires entre Ben Lomond et les écoles de Prusse, ces termes étaient indubitablement Allemand — Allemagne — Prusse — et je n'eus qu'à les rétablir pour rendre évidente la connexion des extrêmes. » L'interprétation de Hamilton est discutable à certains égards, mais en somme le fait lui-même paraît bien établi en ce qui concerne l'application que nous en pouvons faire ici. Dans le raisonnement les faits de ce genre produisent des sophismes. Par exemple un même mot est pris entendu en deux sens différents dans les prémisses et dans la conclusion [2]. Le mot de « liberté » qui peut signifier absence de déterminisme, ou qui peut encore désigner une activité non entravée et qui peut impliquer un déterminisme systématisé, a causé d'innombrables méprises dans les discussions philosophiques sur le libre arbitre. Toujours le procédé se révèle

1. Cité par Mill, *Philosophie de Hamilton.*
2. Voir Mill, *Logique*, t. II, liv. V.

identique au fond. Deux séries indépendantes
d'idées sont reliées par l'intermédiaire d'un état
de conscience (un mot, par exemple) qui appartient aux deux.

Et de même que deux séries d'états de conscience peuvent être unies par un de ces états, de
même deux phénomènes quelconques peuvent-
être associés par l'intermédiaire d'une de leurs
parties. Ici encore nous avons un assemblage
incohérent d'idées qui, prises en elles-mêmes,
sont cohérentes. A mesure que les coordinations d'ensemble disparaissent, lorsque l'esprit
se relâche, se repose ou s'affaiblit, ou bien encore
avant qu'il se soit formé, chez les enfants, nous
voyons apparaître ce jeu indépendant des idées, des
images. Chacune cherche des associations un peu
au hasard, sans règle supérieure. Les éléments
qu'elle a en commun avec d'autres états de conscience la rapprochent de ceux-ci sans qu'aucune
association logique supérieure en résulte. Le langage nous permet de voir très nettement ce phénomène. L'association des mots par assonance,
par ressemblance de son, et avec une négligence
plus ou moins complète du sens est un phénomène très commun. Déjà un esprit sain et bien
développé peut se laisser aller à rapprocher un
peu trop des idées parce que les mots qui les
expriment se ressemblent. C'est parfois un jeu,
car nous trouvons là le principe du calembour,
mais parfois aussi l'esprit prend beaucoup trop au
sérieux le produit d'une petite divagation. Chez
les enfants et chez les aliénés, au contraire, l'association par assonance se développe. Les petits

enfants s'amusent souvent à répéter des mots assonancés. Chez les aliénés même phénomène, l'enchaînement des mots, au lieu d'être déterminé par le sens, par la logique des idées et des images suscitées, est seulement ou surtout dirigé par le son du mot qui réveille un autre mot ressemblant en tout ou en partie au premier, et auxquels viennent s'en joindre d'autres selon le même procédé. Chaque mot paraît apporter avec lui un cortège d'idées un peu vagues, qui se trouvent ainsi psychologiquement unies toutes ensemble sans raison logique. Ce sont, dit Luys, de simples assonances qui s'appellent les unes les autres et se groupent automatiquement ensemble ; ainsi une maladie citée par Parchappe, d'une grande volubilité d'esprit, faisait très souvent, dans son langage, des associations d'idées conçues d'après cette formule : « On dit que la Vierge est folle, on parle de la lier, ce qui ne ferait pas les affaires du département de l'Allier. » Trousseau a rapporté l'observation d'un malade qui avait passé trois mois à écrire tout ce qui lui venait à l'esprit sur de nombreux cahiers : tantôt la première syllabe, tantôt la seconde donnait la clef du mot suivant ; quelquefois c'était la rime, ou un sens éloigné. Ainsi : « Chat, chapeau, peau, manchon, main, manche, robe, jupon, poupon, rose, bouquet, bouquetière, cimetière, bière, mousse, cordage, corde à puits, fossé, etc. » Il y en avait ainsi plus de cinq cents pages écrites en petit texte (cité par Luys).

Nous avons encore un bon exemple de ces associations incohérentes dans un rêve de Maury où nous voyons trois noms associés par assonance attirer autour d'eux chacun un cortège d'images auquel il se rattache très bien, mais qui ne sont reliés entre eux par aucun lien logique. « Un matin, dit Maury, je me rappelai que j'avais eu un rêve qui avait commencé par un pélerinage à Jérusalem ou à la Mecque; je ne sais pas au juste si j'étais alors chrétien ou musulman. A la suite d'une foule d'aventures que j'ai oubliées, je me trouvai rue Jacob, chez M. Pelletier le chimiste, et, dans une conversation que j'eus avec lui, il me donna une pelle de zinc qui fut mon grand cheval de bataille dans un rêve subséquent, plus fugace que les précédents et que je n'ai pu me rappeler. Voilà trois idées, trois scènes principales qui sont visiblement liées entre elles par les mots *pèlerinage*, *Pelletier*, *pelle*, c'est-à-dire par trois mots qui commencent de même et s'étaient évidemment associées par l'assonance. [1] »

Nous prenons sur le vif, en tous ces faits, l'activité indépendante des éléments psychiques qui tout en étant plus ou moins dirigés, en général, par l'esprit en qui ils vivent et par ses grandes tendances gardent encore une certaine individualité et, de temps en temps au moins, quand les systèmes supérieurs se relâchent, évoquent tel ou tel phénomène au hasard de leurs propres affinités, sans tenir compte des autres idées qui vivent avec eux dans la même intelligence.

Et encore si nous regardons de près beaucoup de ces faits, nous verrons comment la force organisatrice de l'esprit, lorsqu'elle est bien déve-

---

1. Maury, *Le sommeil et les rêves.*

loppée, parvient à tirer parti même de ces faiblesses, et à se servir avantageusement même de ces procédés d'association par ressemblance, par assonance par exemple, qui semblent indiquer ses faiblesses. L'association par assonance qui produit les incohérences du rêveur ou de l'aliéné, les calembours de l'esprit qui se délasse, a donné aussi au poète la rime qui est un des principaux éléments du vers français ; le calembour lui-même n'a pas été sans influence sur le développement de l'alphabet ; bien des croyances religieuses ont été engendrées par une méprise sur le sens des mots, et si des jeux de mots inconscients ont trop souvent nui aux philosophes en les égarant, parfois aussi ils les ont conduits à des idées nouvelles et fécondes. L'esprit, par son activité systématique a pu souvent ainsi faire sortir le bien du mal [1].

Il faut pour cela qu'il ne soit pas affaibli, que sa défaillance ne soit que momentanée, une gaucherie de primitif, ou le repos d'un esprit fatigué mais encore vigoureux. L'incohérence et l'activité indépendante des éléments de l'esprit qui caractérisent la désorganisation de l'esprit, la démence, ont une autre portée tout en étant à certains égards, comparables à ce que l'on peut remarquer même chez des esprits relativement sains.

§ 2

Toutes les associations que nous venons de passer en revue s'accompagnent d'inhibitions qui

---

1. Voir mon étude sur la *Psychologie du calembour*, *Revue des Deux Mondes*, 1897.

leur sont corrélatives, qui en sont en quelque sorte
un complément. De même que la nomination
d'un candidat à une place vacante empêche la
nomination de vingt autres candidats, ainsi toute
production d'un fait de conscience, toute association qui éveille une idée empêche la production
d'un autre fait, l'éveil d'une autre idée qui auraient
pu, en d'autres circonstances avoir plus de succès. J'ai déjà parlé du rôle des perceptions qui
par leur office de réducteurs empêchent nos
images d'aboutir à l'hallucination qu'elles produisent souvent quand les réducteurs font défaut,
par exemple pendant le sommeil. Voici un fait
que j'ai déjà cité ailleurs et qui me paraît donner
une nouvelle preuve de la tendance hallucinatoire
de l'image. « Ayant un jour bu une assez grande
quantité de café, je sentais une certaine excitation
nerveuse, et je ne sais trop pourquoi je vins à
penser aux processions de la Fête-Dieu que j'avais
vues peu auparavant et aux deux rangées de jeunes
filles habillées de blanc qui figuraient à la céré-
monie. Fermant tout à coup les yeux, j'eus la
vision assez confuse et très courte de ces deux
files qui se sont fondues en deux lignes blanches,
lesquelles se sont elles-mêmes rapidement éva-
nouies. » Souvent une partie du phénomène
enrayé, continue à vivre et se conserve dans l'esprit, mais encadré dans un cortège de phénomènes
qui l'interprètent en dénaturant le fait primitif.
Lorsque nous croyons reconnaître dans un étranger une personne qui nous préoccupe, généralement cette méprise est fondée sur quelques ressemblances de costume, d'allure, de taille, etc.,

les ressemblances sont perçues et immédiatement interprétées par leur association avec les autres caractères de la personne que nous croyons reconnaître. Les différences, au contraire, tout d'abord nous ne les apercevons pas. Toute une partie de nos perceptions est ainsi arrêtée, enrayée, ou tout au moins affaiblie, car parfois nous gardons un doute. Si nous fortifions les éléments repoussés de la perception par un examen attentif, nous les mettons en état de soutenir plus heureusement la lutte et nous finissons alors par reconnaître notre erreur.

M. Pierre Janet a observé un cas très curieux et très suggestif. Il expérimentait sur une femme, L... qui présentait un dédoublement marqué de la personnalité. A côté, en dessous de la personnalité normale qui parlait, répondait aux questions, il existait une sorte de seconde personnalité qui connaissait certaines choses ignorées de la première, mais ne percevait pas tout ce que voyait celle-ci. Cette seconde personnalité se manifestait par l'écriture, elle traçait sur un papier ses réponses aux questions posées. Elle avait reçu un nom particulier, le nom d'Adrienne. M. Janet met son sujet dans le sommeil hypnotique complet, puis il pose sur les genoux de la somnambule cinq cartes blanches, dont deux sont marquées d'une petite croix, et lui affirme que lorsqu'elle sera réveillée elle ne verra pas les papiers qui porteront ce signe. Il l'éveille quelques minutes plus tard, elle ne se rappelle ni le commandement, ni ce qu'elle a fait pendant le sommeil, s'étonne de voir les papiers sur ses genoux. M. Janet lui demande

de se compter et de les lui remettre un à un. L...
prend ceux qui ne sont pas marqués, les remet à
M. Janet qui demande les autres. L... soutient
qu'il n'y en a plus. Les papiers mis à l'envers, de
façon à dissimuler les croix, elle compte et remet
les cinq papiers. Les croix rendues encore visibles, elle ne prend que les papiers non marqués
et laisse les deux autres. « À ce moment, dit
M. Janet, je m'écarte d'elle et profitant d'un moment de distraction suffisant, j'appelle Adrienne
(la seconde personnalité), et je lui demande de me
dire ce qu'elle a sur les genoux. La main droite
prend un crayon placé à sa portée et écrit : « Il y
a deux papiers marqués d'une petite croix. » On
dirait vraiment qu'ici une perception s'est inhibée
elle-même en quelque sorte, puisqu'il faut bien
que le sujet ait vu les croix pour savoir qu'elle ne
devait pas voir les feuilles. La perception se pro-
duit-elle sans entraîner ses effets habituels? Y
a-t-il une sorte de perception inconsciente par L...
ou une sorte de simulation? En tout cas, la perception gênée ou empêchée chez L... par l'idée
suggérée, n'est pas entièrement perdue. Repoussée
d'un système de phénomènes psychiques elle se
rallie à un autre et se rattache à la seconde personnalité. Peut-être pourrait-on voir là une exagération de ce qui se passe dans l'état normal,
mais l'interprétation du fait est encore assez incer-
taine [1].

---

1. Pierre Janet, *L'anesthésie systématisée et la disso-
ciation des phénomènes psychologiques* (*Revue philosophique*, t. XVIII.)

Si de l'intelligence nous passons à la sensibilité nous voyons encore très nettement que l'inhibition est la contre-partie naturelle de l'association systématique. Quand une passion se
développe en nous, les autres désirs se taisent
devant elle, jusqu'au jour ou la passion satisfaite
ou diminuée reculera devant eux. De petits faits de
tous les jours montrent comment les tendances se
favorisent ou s'arrêtent selon les cas. Si nous
nous promenons lentement et qu'à un moment
donné notre pensée s'anime, il n'est pas rare que
l'excitation se généralise et que notre marche en
devienne un peu plus rapide, mais si nous nous
mettons à courrir, l'activité de la pensée n'y
résiste guère. Quand deux personnes causent en
marchant, si la conversation devient très intéressante, il n'est pas rare que la marche se ralentisse
ou s'arrête. Il n'est pas de jour d'ailleurs où nous
ne puissions remarquer en nous des conflits de
sentiments qui luttent pour s'associer avec ce qu'il
y a de plus stable en nous, pour se faire accepter
par le moi, pour dominer l'esprit et régler la
conduite et dont l'un doit généralement évincer
l'autre — à charge de revanche quelquefois.

L'action de la volonté, en même temps qu'elle
produit une coordination systématique de nos
pensées et de nos sentiments, produit également
un arrêt, une inhibition presque générale des phénomènes et des tendances qui ne peuvent entrer
dans le système qu'elle établit [1]. L'attention affec-
tive aussi, comme l'attention intellectuelle, relègue

1. Cl. Ribot, *Maladies de la volonté*. Paris, F. Alcan.

hors de la conscience ce qui ne se rapporte pas à la préoccupation du moment. C'est un moyen assez usité d'échapper à un chagrin que de chercher à se distraire, c'est-à-dire à faire naître en nous des impressions, des sentiments pour arrêter le développement des idées et des tendances qui nous sont désagréables. Remarquons en passant l'impuissance de volonté que dénote cette manœuvre et l'association systématique qui est au fond du procédé. Le moi, les tendances principales froissées par certaines idées et certaines impressions et ne pouvant les arrêter directement, suscitent d'autres images, d'autres perceptions, d'autres impressions pour lutter contre elles. L'action des substances à effets psychologiques comme le vin, l'opium, la morphine est une forme spéciale de ce procédé. On en trouve d'analogues en sociologie, lorsque l'État, par exemple, impuissant à se défendre contre certains opposants tâche d'exciter contre eux la haine populaire.

§ 3

Il n'est pas de fait psychologique qui, sous une forme ou sous une autre, ne nous présente une application des lois de l'association systématique et de l'inhibition. La loi de contraste donne un cas assez général de leur combinaison. Le contraste psychologique est dû à la réaction des tendances attaquées par un phénomène quelconque qui ne peut s'adapter à elles. Par exemple si une idée nous est suggérée qui contrarie quelque opinion à laquelle nous tenons, ces opinions réagissent pour nous faire rejeter l'idée, de sorte que l'état d'âme qui nous a été proposé ou imposé est remplacé, ou même accompagné un moment, par un état d'âme opposé qui lutte contre le premier. Pourquoi le premier état éveille-t-il le second? C'est un fait si naturel qu'il ne paraît pas avoir besoin d'explication. Nous regardons une orange. Si quelqu'un vient à nous dire : pourquoi ce fruit est-il bleu? notre premier mouvement est de répondre : mais il n'est pas bleu. C'est que l'affirmation suggérée tend à décomposer notre état de conscience, à lui enlever quelques-uns de ses éléments pour se les assimiler, à faire associer par exemple la forme de l'orange à la couleur bleue, tandis qu'elle est pour nous fortement associée avec une autre. Les deux systèmes sont donc reliés par des éléments communs selon le procédé que nous avons déjà bien souvent signalé. Il y a donc ici une double association systématique. Mais comme les deux systèmes ne peuvent généralement coexister à cause de leur opposition (ceci est d'ailleurs plus compliqué qu'il ne semble), chacun agit de manière à inhiber, à arrêter l'autre, et en même temps éveille par association systématique tout ce qui peut s'harmoniser avec lui et l'aider dans la lutte.

Pour que le contraste soit marqué au point de donner naissance à des phénomènes psychologiques nets et facilement observables il faut que les deux tendances ne soient pas trop inégales en force. Si l'une est beaucoup plus puissante que l'autre, on voit l'association systématique qui résulte du fonctionnement de l'une et l'inhibition que produit sur l'autre ce fonctionnement, mais la réaction qui amène le contraste n'est pas suffisante pour que ses effets soient bien perceptibles, à moins qu'une circonstance spéciale, ce qui arrive souvent, ne vienne favoriser dans une certaine mesure la tendance la plus faible. Par exemple la fatigue d'une tendance l'affaiblit et rend la lutte contre elle plus facile, une perception lutte presque toujours plus fortement qu'une image, et soutient mieux une idée ou un désir, etc.

De même que l'action des muscles antagonistes est utile à la précision et à la coordination des mouvements, l'action des idées opposées, des sentiments contraires est presque indispensable à la précision et à la bonne coordination des phénomènes psychologiques. Une croyance n'est guère solide au point de vue logique et elle a bien des chances de n'être ni très nette ni très juste si elle s'est implantée en nous sans aucune opposition, si elle n'a pas été niée, si nous ne lui avons pas fait des objections. Et non seulement l'opposition que nous lui faisons ainsi la débarrasse des éléments qui l'alourdissent ou la troublent, qui s'étaient mal à propos associés à elle, mais aussi elle la développe. A chaque argument que nous opposons à une opinion, il faut, si cette opinion veut être acceptée par nous, qu'elle réponde par un argument opposé, par conséquent qu'elle mette au jour ses conséquences, qu'elle fasse naître et s'assimile un grand nombre d'idées, d'images, de croyances secondaires qui s'associent logiquement à elle et l'enrichissent d'autant.

De même un sentiment n'est bien sûr, bien établi qu'après avoir triomphé de quelques épreuves qui lui donnent l'occasion de se fortifier, en s'associant de nouvelles idées, de nouveaux désirs, des sentiments secondaires.

Cette opposition que suscite un état nerveux, et qui provient aussi de la fatigue provoquée par un état ancien et fort, mais qui a persisté trop longtemps, se traduit par des phénomènes de contraste simultané et de contraste successif qui souvent d'ailleurs ne sont pas absolument séparables. Nous avons un exemple très net de ces deux formes de contraste dans le phénomène des couleurs complémentaires. Nous voyons un cercle rouge sur fond gris s'entourer d'une auréole verte pendant que nous le regardons, c'est le contraste simultané, et être remplacé, après que nous ne le regardons plus, par un cercle vert, c'est le contraste successif. De même une théorie que l'on nous expose et qui heurte en nous des convictions solides nous suggère sur le moment même des affirmations opposées, et les deux idées coexistent quelques temps en se combattant. Si nos convictions triomphent, il arrive, quand la lutte a été vive, que nous sommes plus attachés à elles qu'auparavant, et que nous pensons plus activement à elles pendant quelque temps, après que leur antagoniste a disparu. Evidemment les deux séries de phénomènes ne sont pas absolument identiques, et il ne serait pas inutile d'analyser leurs différences, mais elles présentent d'importants caractères communs.

Cette tendance au contraste qui sert tant à la

vie mentale et qui exerce son influence même lorsque nous ne la remarquons pas, est mise particulièrement en relief dans certains cas, et comme toujours, c'est lorsque l'équilibre se rompt et que le contraste trop violent aboutit à une anomalie ou bien à une erreur. On trouve dans les *Mémoires* de Tolstoï la réflexion suivante qui semble indiquer une disposition aux associations par contraste très marquée et très fréquente chez les nerveux et les sensitifs. Chez eux une disposition est vite épuisée, une tendance est rapidement fatiguée, l'esprit agité et mobile est successivement et vivement impressionné en des sens opposés. (Alfred de Musset est un excellent exemple de cette disposition. « Varegnka était debout, accoudée sur la rampe du petit pont et regardant devant elle... elle me plaisait tant en ce moment, que je sentis le besoin irrésistible de faire ou de dire quelque chose qui lui fût désagréable... — Vous n'aimez sans doute pas la nature, me dit Varegnka sans tourner la tête. — Je trouve que c'est une occupation fastidieuse, répondis-je, très content de lui avoir dit quelque chose de désagréable en même temps qu'original. » Esquirol affirme que les aliénés qui sont hantés par des impulsions homicides choisissent de préférence leurs victimes parmi les personnes qui leur sont le plus chères. Le Dr Hildebrand, cité par Despine, disaitavoir connu un savant qui, lorsqu'il assistait à la messe, sentait « des blasphèmes lui venir parfois à l'esprit dans les moments où les cérémonies demandaient le plus de recueillement ».

Les associations par contiguïté et ressemblance

sont aussi, en somme, des manifestations, des
formes spéciales de la loi de finalité, de l'association systématique. Elles n'ont pas l'importance
qu'on leur avait donnée jadis, lorsqu'on voulait
expliquer avec elles la vie entière de l'esprit. Quand
l'esprit est sain elles sont tout à fait subordonnées
à l'association systématique. Si les représentations
et les états de conscience semblables s'associent
en nous et s'éveillent l'un l'autre, c'est que nous
avons intérêt à ce qu'il en soit ainsi. Il nous est
évidemment utile d'associer les représentations
que nous avons eues en même temps lorsqu'elles
correspondent à un même ensemble concret.
Quand nous avons à nous servir d'une idée ou
d'un souvenir il est bon que nous évoquions aussi
ce qui s'est attaché par contiguïté dans notre expérience à cette idée ou à ce souvenir en tant que
cela peut faciliter notre action. Si je me rappelle
un fait que j'ai lu dans un passage d'un livre, par
exemple, et si je veux vérifier l'exactitude de ce
souvenir, ou si je veux prendre plus de renseignements qu'il ne m'en reste, il n'est pas mauvais
que je puisse évoquer le nom de l'auteur, le titre
du livre, même l'image du format et de la couleur
de la couverture pour le retrouver plus facilement.
Mais il ne servirait de rien de me rappeler une
tache qui macule la page du titre. Aussi, d'une
manière générale, nous nous rappelons surtout
par contiguïté les faits qui peuvent nous servir. Si
d'autres se présentent parfois, c'est par suite d'un
relâchement de l'esprit, toujours possible, et, à
quelque degré, toujours réel, c'est par le jeu indépendant des éléments psychiques et par un méca-

nisme dont j'ai déjà parlé, au fond duquel on retrouve encore, sous une autre forme, l'association systématique et la synthèse mentale.

Il en est de même pour la ressemblance. Nous avont souvent besoin de passer d'une idée ou d'une image à une autre idée, à une autre image qui ressemble à la première. L'association par ressemblance se confond alors avec l'association systématique. Quand il n'en est pas ainsi, elle est encore le résultat de l'activité trop individuelle des éléments. L'écolier qui doit résoudre un problème, a tout intérêt à se rappeler, par ressemblance, les problèmes de même genre qu'il a déjà résolus, mais si le papier sur lequel il écrit lui rappelle par analogie la blancheur du cygne, c'est simplement une légère divagation. Et dans un cas comme dans l'autre nous rencontrons également des formes de l'association systématique, mais des formes différentes et de très inégale valeur.

Encore ici d'ailleurs, nous retrouverions au besoin les merveilleuses ressources de l'esprit qui sait lorsqu'il est vigoureux ou particulièrement doué de certaines qualités tirer parti de ses divagations mêmes. J'ai fait allusion tout à l'heure aux grandes choses dont une sorte de jeu de mots a été le point de départ. Mais les divagations de l'imagination, les associations par ressemblance qui semblent parasites et encombrantes peuvent servir à des créations de génie ou s'employer à des usages moins relevés et permettre à des esprits ordinaires de se mieux orienter. La métaphore, par exemple, est une sorte d'association par ressemblance qui peut sembler abusive, et qui, en effet, entraîne quelques esprits à de singulières illusions. Elle n'en est pas moins extrêmement utile en permettant à d'autres esprits qui savent arrêter assez tôt les associations qu'elle tend à susciter, de mieux comprendre ce qu'on leur dit que si on leur avait donné une proposition abstraite toute sèche. Et même la métaphore, précisément par ce qu'elle a d'un peu flottant et divers, par sa richesse et son vague à la fois, par le grand nombre d'idées ébauchées qu'elle éveille faiblement et que le mécanisme de l'esprit ne laisse pas se développer sans contrôle, est très propre à nous suggérer à la fois bien des choses que des propositions formelles et précises ne pouvaient dire que très longuement et avec infiniment moins de charme. Ce ne sont pas seulement des représentations qu'elle éveille ainsi, mais les sentiments, les impressions qui leur sont rattachés. Aussi est-il tout naturel que la métaphore, l'image littéraire, ait joué un si grand rôle dans la poésie, qui doit suggérer beaucoup plus encore qu'elle ne nous dit. La métaphore vivante, non usée par un usage prolongé qui l'aurait dépouillée de ses rayons, est un instrument d'une incomparable souplesse et d'une merveilleuse puissance. On sait assez, d'ailleurs, le parti que Victor Hugo, par exemple, a pu en tirer.

IV. — L'influence de l'esprit sur l'activité organique.

Après avoir passé rapidement en revue les faits qui nous montrent l'influence exercée par l'activité organique sur l'esprit et l'influence exercée par les phénomènes psychiques les uns sur les autres, il nous reste à examiner, aussi brièvement, l'effet produit par les phénomènes psychologiques plus ou moins conscients sur l'activité musculaire et l'activité organique en général, à voir de quelle façon l'esprit ou le cerveau, influe sur l'activité de nos organes ou détermine nos actes, de quelque nature qu'ils soient.

Nous retrouvons ici les mêmes lois psychologiques. Il est constant que l'immense majorité de nos mouvements, et la plus grande partie du fonctionnement de nos organes est dirigée par des associations systématiques, je veux dire que l'acte ou l'activité organique est en harmonie avec le fait psychologique qui la provoque, qu'elle s'adapte à lui et forme avec lui un ensemble bien coordonné.

Cela est si évident pour les phénomènes auxquels la volonté prend part qu'il paraîtra peut être inutile de le faire remarquer. Quand je veux remuer mon bras c'est bien mon bras que je remue et si je veux faire tel mouvement déterminé, ce n'est pas un autre que j'exécute. Nous sommes si habitués à ce fait que nous ne l'apercevons pas et que l'énoncer nous semble presque une tautologie. Cependant il ne peut exister que grâce à un mécanisme très compliqué, qui se forme peu à peu et qui se dérange souvent. L'enfant emploie un temps très long pour apprendre à vouloir efficacement remuer de telle ou telle façon, et il en est de même pour l'homme fait lorsqu'il s'essaye à des mouvements qui ne lui sont point habituels. Il lui faut un apprentissage plus ou moins long pour jouer du piano ou pour monter à bicyclette. Jusqu'à ce qu'il soit bien exercé rien n'est plus fréquent pour lui que de vouloir faire un mouvement et d'en exécuter un autre. Et lorsque le mécanisme patiemment acquis vient à se déranger, ce sont de nouveaux troubles et de nouvelles incohérences. Soit que les conducteurs de l'action nerveuse soient atteints, ou que ce soient les centres psychologiques eux-mêmes, les actes ne correspondent plus à la volonté. Nos membres n'obéissent plus à nos désirs. Ou bien, en des conditions mal déterminées encore, il y a une perversion telle de l'activité que l'acte est en opposition complète avec la volonté. Meschede, dit M. Ribot, rapporte le cas d'un homme « qui se trouvait dans cette singulière condition, que, lorsqu'il voulait faire une chose, de lui-même, ou sur l'ordre des autres, lui ou plutôt ses muscles faisaient juste le contraire. Voulait-il regarder à droite, ses yeux se tournaient à gauche, et cette anomalie s'étendait à tous ses autres mouvements. C'était une simple contre-direction de mouvement sans aucun dérangement mental et qui différait des mouvements involontaires en ceci : qu'il ne produisait jamais un mouvement que quand il le voulait, mais que ce mouvement était toujours le contraire de ce qu'il voulait [1]. » Il arrive encore — et tous ces faits auraient pu nous servir à illustrer certaines formes d'association par contraste — que les paroles prononcées par un malade sont tout à fait en contradiction avec ce qu'il voulait dire. « Mme B...; belle-mère d'un médecin très recommandable, sans jamais avoir éprouvé d'accidents paralytiques, arriva assez rapidement à des troubles d'intelligence fort singuliers. Un visiteur entre chez elle; elle se lève pour le recevoir avec un air de bienveillance, et montrant un fauteuil : « Cochon, animal, fichue bête ! » — « Madame vous invite à vous asseoir, » dit le gendre, qui interprète la volonté de la malade, si étrangement exprimée : comment peut-on expliquer ce fait autrement qu'en disant que la dame sentait et pensait tout le contraire de ce qu'elle disait [2]. » Et Maury raconte qu'il a connu une hystérique qui, dans ses accès, faisait et disait ce qu'elle voulait précisément ne pas dire et ne pas faire. « Sous l'empire de la crainte qu'aucun mot inconvenant ne sortît de sa bouche, elle prononçait, malgré elle et sans bien savoir ce qu'elle disait, des mots obscènes. Traversant, le soir, une longue galerie solitaire de son château, un bougeoir à la main, elle était prise d'une peur extrême de se trouver là dans l'obscurité; et à peine cette pensée lui était-elle venue qu'elle souf-

---

1. Ribot, *Maladies de la volonté*, Paris, F. Alcan.
2. Le fait est emprunté à Trousseau par Kussmaul qui le cite dans ses *Troubles de la parole.*

ffait sa bougie [1]. » Ces faits, et tant d'autres qu'on pourrait citer, nous font pressentir le nombre de phénomènes dont la coordination, toujours fragile, est requise pour le moindre acte de notre volonté.

Il arrive, en certains cas, que la volonté peut agir sur des muscles qui ne lui sont pas habituellement soumis, le cœur par exemple et les muscles lisses de la vie organique. Nous ne connaissons pas très bien le mécanisme de ces faits et ils ne nous apprennent pas grand chose. J'en cite quelques-uns à titre de curiosité et pense qu'ils nous montrent des variations individuelles qui tendent à affaiblir l'idée, beaucoup trop florissante encore malgré tout, que les lois concrètes de la psychologie sont d'une absolue généralité. L'interprétation en est d'ailleurs discutable. Un membre de la Société royale de Londres pouvait par un effort volontaire augmenter le nombre des battements du pouls qui passa, une fois, en deux minutes, de 63 à 82. Le colonel Townsend avait la faculté de se mettre, à son gré, en état de léthargie. Le cœur, sur l'ordre de sa volonté, cessait en apparence de battre. Le docteur Noble, **de** Manchester, disait qu'il pouvait, à n'importe quel moment vomir par un acte de volonté. Quelques personnes peuvent, à leur gré, dilater ou contracter les pupilles [2].

Ce que j'ai dit tout à l'heure de la nature de la

1. Maury, *Le sommeil et les rêves*.
2. On trouvera un grand nombre de faits dans l'ouvrage de Hack Tuke, *Le corps et l'esprit*, à qui j'emprunte ceux que j'indique.

volonté peut faire supposer que son action sur
l'activité organique et musculaire ne diffère pas
essentiellement de celle des sentiments et des
idées. En effet les sentiments exercent sur nos
actes une influence sur laquelle je n'insisterai
pas beaucoup parce qu'elle est assez visible. Ils
agissent même sans l'intervention de la volonté.
Quand nous désirons accomplir un acte, nous
l'accomplissons spontanément, si rien ne nous en
empêche, sans faire appel à un acte de volonté
formel, et l'acte, sauf en des cas anormaux ou
pathologiques, répond à notre désir comme il
répondrait à notre volonté. On ne peut d'ailleurs
distinguer absolument les deux cas, et ce que je
disais tout à l'heure des actes volontaires s'applique aux actes spontanés, automatiquement ins-
pirés par quelque sentiment. C'est un fait d'observation courante que le désir de fumer amène
chez le fumeur les mouvements nécessaires pour
prendre et allumer une cigarette, etc. D'une
manière générale, tout état affectif tend à susciter
des actes qui s'harmonisent avec lui, qui soient
avec lui dans un rapport d'association systématique.

Cette loi se vérifie dans une certaine mesure
encore par l'influence des sentiments et des émotions sur les organes de la vie et par certains phénomènes parmi ceux qui constituent l'expression
des émotions. Le principe de l'association des
habitudes utiles, tel que l'exposa Darwin, le principe du rapport des mouvements avec les représentations sensorielles tel que l'a indiqué Wundt
expriment, sous des formes différentes, cette

vérité. Les émotions s'extériorisent en des gestes qui les complètent parce qu'ils tendent à satisfaire le désir qui les accompagne ou qu'ils sont ceux que l'on ferait si l'on voulait le satisfaire. Ils continuent à se produire quand leur utilité devient nulle ou contestable parce qu'ils font pour ainsi dire logiquement partie de l'émotion. Les circonstances qui empêchent l'adaptation complète de la conduite à l'émotion n'exercent pas sur celle-ci une action inhibitrice suffisante pour les faire disparaître, ou même pour empêcher de se manifester un commencement de cette adaptation. L'homme qui éprouve le désir de se venger serre les poings, frappe des pieds ; les animaux lancent leur poison, essayant de piquer, de mordre, de ruer (Maudsley). « J'ai remarqué, dit Darwin, qu'en décrivant un spectable horrible certaines personnes fermaient souvent les yeux de temps à autre et avec force, ou secouaient la tête comme pour ne pas voir ou repousser un objet désagréable ; je me suis pris moi-même à fermer fortement les yeux, tandis que je songeais dans l'obscurité à un spectacle effrayant ». « Dans l'indignation causée par une offense, dit Wundt, nous serrons le poing, alors même que l'insulteur n'est plus là, ou quoique nous n'ayons nullement l'intention de nous précipiter sur lui ; de plus, le narrateur d'événements très anciens emploie le même mouvement quand une émotion analogue surgit dans son esprit... Les gestes de l'affirmation et de la négation ont une importance analogue ; par le premier, nous nous inclinons vers un objet imaginaire ; par le second nous nous détournons plusieurs fois de ce même objet. Enfin, la mimique tout entière de l'œil est justiciable de ce principe. Quand l'attention est soutenue, le regard reste fixe, immobile ; même si l'objet qui attire notre réflexion est absent [1]. »

L'influence des sentiments détermine encore toute une série de phénomènes dont l'interprétation psychologique serait fort discutable et qu'on explique par une diffusion de l'action nerveuse, ou qu'on n'explique pas du tout, ce qui revient à peu près au même. Ces faits sont très nombreux. Pour quelques-uns une explication physiologique est possible. La peur, en amenant une paralysie nerveuse des nerfs de l'intestin et particulièrement des vaso-moteurs, produit une affluence de produits liquides dans le tube intestinal. Cette influence des émotions sur la circulation, dont j'ai déjà eu à dire quelques mots puisque plusieurs psychologues y voient un élément essentiel de l'émotion, et sur le cœur en particulier est fort considérable et si nette que l'observation vulgaire a devancé la connaissance scientifique et que le cœur est vulgairement considéré, d'une manière un peu vague, comme l'organe où le siège des sentiments. L'influence des sentiments sur le cœur

---

1. Sur l'expression des émotions voir : Darwin, *De l'expression des émotions* Paris, F. Alcan ; Léon Dumont, *Théorie scientifique de la sensibilité*, Paris, F. Alcan ; Mantegazza, *La physionomie et l'expression des sentiments*, Paris, F. Alcan ; Ribot, *Psychologie des sentiments*, Paris, F. Alcan, chap. IX ; Spencer, *Physiologie du rire* ; Wundt, *Eléments de psychologie physiologique*, Paris, F. Alcan, chap. XXII.

s'exerce par l'intermédiaire des nerfs *pneumo-gas-
triques*. « Le cœur, dit Claude Bernard, est le plus
sensible des organes de la vie végétative; il reçoit
le premier l'influence de la vie nerveuse cérébrale.
Le cerveau est le plus sensible des organes de la
vie animale; il reçoit le premier de tous l'influence
de la circulation du sang. De là résulte que ces
deux organes culminants de la machine vivante
sont dans des rapports incessants d'action et de
réaction. » L'excitation du pneumo-gastrique a
pour effet d'arrêter les battements du cœur. Les
mouvements du cœur arrêtés, le sang artériel
n'arrive plus au cerveau et les fonctions cérébrales
cessent; c'est ainsi qu'une forte émotion peut, en
agissant sur le cœur, amener une syncope. Quand
l'émotion est très violente, elle peut déterminer la
mort.

Bien d'autres organes peuvent être influencés
de même. Les effets des émotions se font sentir sur
la glande lacrymale, sur les organes sexuels, sur
les organes digestifs, la peau, les poumons, les
glandes mammaires; les émotions agréables augmentent la sécrétion du suc gastrique, les passions
déprimantes la ralentissent, et l'influence de
l'anxiété ou de l'inquiétude peut produire une
abondante émission d'urine. Il semble bien qu'il
faille admettre la possibilité que les cheveux blan-
chissent très rapidement sous l'influence du chagrin ou de la frayeur. Bichat citait « une personne
de sa famille qui, en une seule nuit, était devenue
entièrement blanche, à la suite d'une mauvaise
nouvelle ». (Hack Tuke, *Ouv. cité.*) Un des principes psycho-physiologiques qui peuvent servir à

expliquer une partie des faits qui indiquent l'influence du sentiment, c'est que l'attention portée sur une partie du corps tend à y modifier la circulation, en modifiant la tonicité des artérioles de cette partie, en y faisant affluer le sang.

Les idées et les images nous donnent l'occasion de faire à peu près les mêmes remarques. Leurs influence sur l'activité musculaire et organique est, d'une manière générale, moins violente et mieux coordonnée. On a pu dire avec beaucoup de raison que toute idée était, ou représentait une tendance à l'acte et même un commencement d'action. Toutefois ceci ne saurait être complètement vrai que de l'idée qui représente un acte ou qui se rattache de très près à une action, mais les autres idées, les autres images sont des éléments importants de la tendan ce active. Quand une phrase s'impose à notre esprit, nous avons une tendance à la prononcer. Si l'idée d'un geste se présente à nous, il n'est pas rare qu'elle soit suivie d'exécution. Si la représentation d'un acte s'impose à l'esprit et que rien ne vienne arrêter son développement, l'acte sera commis. Beaucoup de nos actions sont déterminées ainsi, sans intervention de la volonté, et même sans qu'elles soient provoquées par un désir bien apréciable. Nos tendances, quand elles ne sont pas très vives et que rien ne les contrarie beaucoup paraissent bien ne se révéler à la conscience que par des idées, des images, des phénomènes intellectuels, qui tirent d'elles leur force apparente et leur influence. L'idée de lire me vient à l'esprit : si je n'ai pas autre chose à faire, si rien ne me détourne, je prend un livre et je l'ouvre. Et souvent l'idée du but entraîne l'exécution des actes qui nous servent de moyens d'une façon presque inconsciente. Si je veux me lever de la table où j'écris et aller à ma bibliothèque prendre un livre pour chercher un renseignement dont j'ai besoin, l'idée de ce renseignement associée à la représensation du livre suffira pour me faire lever, marcher, ouvrir une porte, prendre un livre et le feuilleter sans que je prenne presque garde à la plupart des sensations que tendent à faire naître en moi ces différents actes.

De cette tendance de l'idée à déterminer un acte, à se réaliser, on a pu conclure légitimement que l'idée était une force, que tout idéal que l'homme créait devenait une condition très favorable à sa propre réalisation. Et M. Fouillée a fondé sur ce fait une philosophie des plus élevées, dont nous n'avons d'ailleurs à retenir ici que le point de départ, le fait qui lui sert de fondement et ses conséquences psychologiques immédiates.

Cette loi qui fait de l'idée une tendance à l'acte est évidemment une loi d'association systématique. L'idée tend à se compléter par les mouvements musculaires qui en sont comme la continuation logique, qui tendent à la faire vivre et à la développer. Mais l'influence de l'idée ne s'exerce pas seulement sur la vie volontaire. Moins vive que

1. Voir Fouillée : *Psychologie des idées-forces*, Paris, F. Alcan; *L'évolutionisme des idées-forces*, Paris, F. Alcan; *La métaphysique des idées-forces*, Paris, F. Alcan; *La liberté et le déterminisme*, etc., Paris, F. Alcan.

celle des sentiments et des émotions, elle se fait sentir aussi sur la vie organique. « Les idées, dit Maudsley [1], peuvent exercer une action importante, quoique peu reconnue, sur les fonctions de la vie végétative, sur la nutrition et sur la sécrétion. Soit qu'une idée agisse directement sur les éléments histologiques des organes au moyens des nerfs qui s'y rendent, ou indirectement par les nerfs vaso-moteurs, soit que ces deux modes d'action se combinent, il est certain qu'une idée peut augmenter ou diminuer une sécrétion et modifier la nutrition. L'idée des aliments fait affluer la salive ; une idée émouvante provoque des larmes, l'idée d'allaiter produit la sécrétion du lait, etc. Il est reconnu qu'une pilule de mie de pain purge quelquefois le malade qui croit avoir pris un drastique violent, et en attend l'effet avec confiance. La potion la plus innocente peut faire dormir celui qui croit avoir pris un narcotique. »

L'influence des hallucinations ne diffère guère de celle des idées et s'y rattache étroitement. La vue d'un acte est une tentation et porte souvent à le reproduire, comme sa connaissance. C'est là un des principes de l'imitation dont l'importance dans la vie sociale est considérable [2]. De plus la vue des objets et les perceptions en général, à cause de leur vivacité plus grande que celles des images et des idées sont des excitants plus énergiques, et tendent plus fortement à nous faire

1. *Physiologie de l'esprit.*
2. Voir les ouvrages de M. Tarde.

agir, soit directement, soit indirectement en éveillant le désir. On est souvent plus tenté par ce que l'on voit que par ce que l'on imagine, quoique cela ne soit pas toujours vrai pour des raisons dans le détail desquelles je ne puis entrer ici.

Les perceptions influencent les organes de la vie végétative comme les organes de la vie de relation. La vue d'un aliment fera affluer la salive à la bouche, la sensation du froid, surtout à la face, stimule la respiration. Un objet placé dans les mains, dit Bain, stimule d'une façon spéciale les muscles qui tendent les doigts. Une mauvaise odeur affecte spécialement les muscles du nez ; un goût amer produit des mouvements de distorsion dans la bouche. L'adaptation de l'œil, qui s'accommode à des distances plus ou moins éloignées, est due à la sensation visuelle. Le clignement des paupières, l'adaptation de l'oreille au son sont des effets de même nature. On pourrait enfin rattacher à l'influence de la perception les réflexes qu'elle provoque.

On ne peut séparer entièrement, en tous les cas, et certains des exemples que j'ai donnés ont dû le faire apercevoir, l'influence des idées, des images, des perceptions et des sensations de celle des sentiments, car tous ces phénomènes s'associent souvent, et d'ailleurs ni les uns ni les autres n'ont d'action absolument par eux-mêmes, mais il faut rapporter leur influence à la tendance dont ils sont un élément, qu'ils représentent ou qu'ils éveillent. La perception par exemple n'agit que par l'intermédiaire d'une chaîne de phénomènes qui se compliquent parfois beaucoup, et dont elle

n'est qu'un élément relativement peu important,
dont l'éveil a été surtout une occasion de pro-
voquer l'activité des autres. Quand la vue d'un
livre par exemple, me fait entrer chez un libraire
pour l'acheter, ou quand la vue d'une pêche me
pousse à la cueillir sur un arbre pour la manger,
il est bien clair que l'importance de la perception,
quoique variable avec chaque cas, est réelle et
peut même être assez considérable, mais que la
partie la plus importante du phénomène est la
tendance à lire ou à manger, à s'instruire ou à
se nourrir, ou à se procurer telle connaissance ou
telle sensation spéciale du goût, dont la perception
n'est qu'un simple élément et que le rôle de cette
dernière est surtout, ici, de mettre en jeu, par
association systématique.

Il est un fait psychologique considérable qui
met en pleine lumière la force active de l'idée,
c'est la suggestion hypnotique. Chez le sujet
hypnotisé la plupart des idées, des sentiments,
des considérations quelconques qui empêchent
souvent dans la vie normale, une idée de développer toutes ses conséquences et d'aboutir
aux actes vers lesquels elle tend, sont momentanément annihilés ou tout au moins très affai-
blis. Aussi voit-on l'idée suggérée évoquer librement tous les phénomènes dont elles a besoin pour
compléter un système complexe d'images et de
mouvements et arriver aisément à déterminer des
actes. Ajoutons que l'idée suggérée nous manifeste aussi l'autre tendance qu'enrayent continuellement les réducteurs de la vie normale et que
si nous la voyons aboutir d'un côté à l'acte, nous

la voyons d'autre part, et par un mécanisme analogue, aboutir à l'hallucination.

Cette disposition des idées et des sentiments
inhibiteurs implique chez les hypnotisés une
diminution manifeste du nombre des -phéno-
mènes simultanés qui peuvent à chaque instant
remplir l'esprit, par ce que Pierre Janet appelle
« *un rétrécissement notable du champ de la conscience.* » Le même auteur ajoute. « Penser, disait
en effet Bain, c'est se retenir de parler et d'agir. »
Cela est juste pour nous qui pouvons nous retenir, mais, pour les individus que nous décrivons,
penser c'est parler et agir. Jamais on ne peut étudier plus facilement cette action de la pensée sur
le mouvement qu'en regardant agir tantôt sous
une influence suggestive, tantôt par eux-mêmes,
ces individus dont la conscience est rétrécie, et
qui ont par conséquent des anesthésies nombreuses
et des amnésies consécutives [1] ». Binet et Féré,
toutefois, voient plutôt dans l'hyperexcitabilité psychique, la cause de l'aptitude aux suggestions. « A
notre avis, ajoutent-ils, si l'idée suggérée exerce
un pouvoir absolu sur l'intelligence, c'est avant
tout par son intensité. Cependant nous reconnaissons que la question est difficile à résoudre, et
bien volontiers nous la laissons ouverte. »

Quoi qu'il en soit les actes dont l'idée est
imposée, s'accomplissent généralement avec sû-
reté. Dans une expérience de Binet et Féré, les
ordres étaient donnés par écrit. « Le sujet, dès

[1]. Pierre Janet, *L'automatisme psychologique*, Paris,
F. Alcan.

qu'il avait lu les mots : « Je vais me lever » se levait. » En somme, la seule condition nécessaire c'est que l'image de l'acte à faire se forme nettement dans l'esprit du sujet. Souvent par une association inverse de la première et par une réaction de l'acte sur l'intelligence qui cherche à se l'expliquer, c'est-à-dire à lui trouver un cortège logique d'idées et d'impressions, le sujet hypnotisé imagine à son acte des raisons qui n'avaient er rien contribué à le faire commettre. Voici un ou deux faits observés par M. Richet : « B... étant endormie, je lui dis : Quand vous serez réveillée, vous enlèverez l'abat-jour de la lampe. Je la réveille, puis, après quelques minutes de conversation : On ne voit pas clair ici, dit-elle, et elle enlève l'abat-jour. Une autre fois je dis à B... endormie : Quand vous serez réveillée, vous mettrez beaucoup de sucre dans votre thé. Je la réveille, on sert le thé et elle bourre de sucre sa tasse. « Que faites-vous donc, lui dit-on. Je mets du sucre. — Mais vous en mettez trop. — Ma foi ! tant pis ! et elle continue le même manège. Puis trouvant sa boisson détestable : « Que voulez-vous, c'est une bêtise ! Est-ce que vous n'avez jamais fait de bêtises ? »

Nous retrouvons ici l'influence de l'idée sur la vie végétative. M. Focachon, pharmacien à Charmes, appliqua sur l'épaule d'un sujet endormi des timbres-postes maintenus par du diachylon et par une compresse en lui suggérant qu'on lui mettait un vésicatoire. Vingt heures après, sous le pansement, l'épiderme était épaissi, mortifié, de couleur blanc jaunâtre et autour de cette région de la peau paraissait une zone de rougeur intense avec gonflement. Bourru et Burot ont publié des faits d'épistaxis et de sueurs de sang provoqués chez un hystérique. L'un de ces expérimentateurs traça son nom avec l'extrémité mousse d'un stylet sur les deux bras du sujet endormi, puis lui ordonna de se rendormir le soir-même à quatre heures et de saigner sur les lignes tracées. Effectivement sur le bras gauche les caractères se dessinèrent en relief et en rouge vif et des gouttelettes de sang perlèrent en plusieurs endroits. A la Salpêtrière Charcot et ses élèves ont produit chez les hypnotiques des brûlures par suggestion. La brûlure n'apparaissait pas immédiatement, mais quelques heures après que l'ordre avait été donné. (Binet et Féré [1].)

1. Voir entre autres ouvrages sur le somnanbulisme, Bernheim, *La suggestion*; Binet et Féré, *Le magnétisme animal*, Paris, F. Alcan; Durand de Gros, *Le merveilleux scientifique*, Paris, F. Alcan: Janet (Pierre), *L'automatisme psychologique*, Paris, F. Alcan, Ch. Richet, *L'homme et l'intelligence*, Paris, F. Alcan.

CHAPITRE IV

L'ORGANISATION DE L'ESPRIT.
MÉMOIRE, HABITUDE, HÉRÉDITÉ, INSTINCT.
CONSCIENCE ET INCONSCIENCE.

I

Quand un fait psychologique s'est produit, il est toujours plus ou moins utilisé, et, d'une façon ou d'une autre, il en reste quelque chose. Soit qu'il puisse être rappelé à notre gré, soit qu'il ait simplement imprimé quelques modifications à nos idées ou à nos sentiments, il laisse une trace, et il est très probable que cette trace ne s'effacera jamais complètement. Je lis un roman aujourd'hui, il est possible que dans vingt ans je puisse encore dire quelles en sont les principales scènes et parler du caractère des personnages, que le nom de l'auteur, le titre de l'œuvre, même le format du volume et la couleur de la couverture soient encore présents à mon esprit. Il est possible aussi qu'il ne me reste rien de tout cela, du moins en apparence, et que je ne sache même plus si j'ai lu le livre dont on parle devant moi. Mais, en le lisant, j'aurai fait telle réflexion, j'aurai éprouvé tel sentiment, et si cette réflexion, si ce sentiment ne se sont plus conservés intacts ils auront modifié, dans une proportion variable, peut-être d'une manière imperceptible, mes idées et mes désirs, cette modification en aura entraîné d'autres sans même que je m'en aperçoive et je ne suis pas absolument le même aujourd'hui que si je n'avais pas lu tel jour et à telle heure, un tel livre, bien que la différence soit à mes yeux, inappréciable.

Tout ce qui arrive à l'esprit, en effet, est plus ou moins utilisé par lui, éveille l'activité systématique des idées et des tendances, et tout au moins de quelques éléments isolés. Les faits qui viennent à notre connaissance sont analysés, décomposés, plus ou moins bien selon les facultés de chacun, puis arrangés plus ou moins en de nouvelles synthèses. De même un sentiment que nous éprouvons est accepté ou plus ou moins contrarié par nos tendances qu'il tend à modifier plus ou moins et qui réagissent sur lui. Rien ne nous laisse absolument indifférents, et l'esprit ne saurait être passif. Tout ce qui se passe en lui, tout ce qu'il connaît et tout ce qu'il sent est une occasion de modification et de transformation. Toutes ces actions et ces réactions de l'esprit sur les nouvelles idées qui se présentent à lui, sur les perceptions, sur les impressions et les sentiments, avec les réactions sur l'esprit de tous ces phénomènes selon les lois que nous venons d'examiner, constituent la vie mentale et, à l'état normal, quand les choses se passent bien, doivent aboutir à une coordination toujours plus grande des phénomènes, à une unité moins imparfaite de la personne. Quelquefois une idée, une croyance, un désir, une passion, se développent plus qu'ils ne faudrait, l'équilibre est rompu et, la coordination générale diminue, c'est la ruine ou la décadence de l'esprit. Nous trouvons encore sous cette décadence, la marche vers la systématisation. Seulement comme elle se produit dans un seul élément au détriment des autres, l'ensemble en souffre et peut en périr, comme une société où une classe de citoyens prend trop d'importance.

Tout ce travail d'organisation, comme ce que nous avons déjà dit des phénomènes et des lois de l'esprit implique la conservation des phénomènes psychiques, ou du moins de la trace qu'ils laissent en nous. On appelle généralement *mémoire* la conservation latente et le rappel des phénomènes tels ou à peu près tels qu'ils se sont produits une première fois. Mais comme les différentes formes des souvenirs ne sont pas très nettement tranchées, les mots qui les désignent ont forcément quelque chose de vague. Généralement nous nous rappelons quelques-unes des circonstances d'un fait, nous en oublions un certain nombre et même un nombre considérable. Si je dis que je me rappelle avoir causé avec une personne cela peut signifier que je puis évoquer en moi les images de la pièce où a eu lieu cette conversation, des circonstances qui l'ont amenée (un dîner, par exemple, et je puis revoir la table, les verres, etc.), que j'ai encore dans l'esprit le son de la voix de mon interlocuteur, ses jeux de physionomie, ses gestes, que je pourrais répéter les pro-

pos que nous avons échangés. Ou cela peut vouloir dire simplement que je me souviens qu'un
jour que j'ignore, en un endroit dont je ne me souviens plus, j'ai parlé avec la personne en question et
prononcé des phrases dont je ne me rappelle plus
une seule pour exprimer des idées ou des sentiments que j'ai oubliés. Entre ces deux extrêmes
vous pouvez placer tous les intermédiaires possibles, le rappel de certaines circonstances, l'oubli
de certaines autres. Tout cela varie considérablement, chez le même individu pour des faits différents et aussi d'un individu à l'autre selon l'aptitude de chacun à faire revivre en lui-même telle
ou telle classe d'images, les visuelles, les auditives ou les motrices, ou telle classe d'idées ou
de sentiments.

Un fait d'ordre inverse peut aussi se produire.
Quelquefois un état d'âme se reproduit d'une
manière assez vive et assez complète et nous ne
le reconnaissons pas, nous croyons l'éprouver
pour la première fois. C'est, comme on l'a dit,
une ancienne connaissance que l'on prend pour
un nouveau venu. Cette déception arrive parfois,
même aux esprits originaux, de s'apercevoir ou
d'apprendre qu'on a lu ou entendu dire ce qu'on
pensait avoir inventé. C'est en somme, une forme
du rappel incomplet. Le fait de conscience en ce
cas, ne se reproduit pas avec les particularités
qui nous le feraient rejeter comme s'adaptant
complètement à l'état présent, et qui nous porte-
raient à l'associer avec un chaînon particulier de
la série de nos états de conscience, des souvenirs
de notre vie telle que nous pouvons la reconsti-

tuer en nous, selon le mécanisme habituel qui
nous fait localiser dans le passé tel ou tel phénomène au moment même où il se produit.

Tous les phénomènes dont nous avons parlé
jusqu'ici et toutes les formes de leur activité que
nous avons étudiées impliquent évidemment la
mémoire a un certain degré. Nous ne compren-
drions rien à nos perceptions, c'est-à-dire que
nous n'aurions pas de perceptions si nous n'en
avions pas eu déjà d'analogues, nous n'aurions
pas de sensations sans l'organisation bio-psycho-
logique que nos ancêtres nous ont transmise et
que la mémoire a contribué à former comme nous
le verrons, nous n'aurions pas d'images si nous
n'avions pas eu de perceptions, ni d'idées si nous
n'avions eu d'images, ni de désirs, d'émotions,
et de passions sans l'organisation acquise peu à
peu par nos ancêtres et que nous transformons
pour nos descendants. Les lois de la mémoire,
du rappel des faits dans l'esprit se rattachent
d'ailleurs étroitement aux lois d'association dont
j'ai parlé, et qui s'appliquent aux rappels des phénomènes déjà parus comme à la formation de
phénomènes nouveaux.

On s'est demandé s'il pouvait y avoir un oubli
total, ou pour poser la question sous une forme
plus précise, si un fait psychologique pouvait
toujours revivre en nous, sous certaines conditions. Il est difficile de répondre d'une manière
précise et sûre à cette question qui d'ailleurs n'a
pas une importance extrême et me semble plus
curieuse que réellement intéressante. Ce qui est
sûr, c'est que bien souvent nous croyons avoir

oublié des faits, des idées qui vivent encore au fond de nous et réapparaissent un peu à l'improviste, quand les conditions de la vie psychologique se sont modifiées. J'ai déjà parlé de certains dédoublements de la personnalité où ce que le sujet fait dans une de ses existences est oublié dans l'autre, sans que la réciproque soit toujours vraie. De même, le sujet hypnotisé que l'on réveille a tout oublié, en général, de ce qui s'est passé pendant son sommeil, et ne s'en souvient que lorsqu'il est endormi de nouveau. Delbœuf a montré qu'on pouvait l'amener à s'en souvenir à l'état de veille et ses procédés étaient intéressants pour l'étude du mécanisme de l'association. Les rêves, la folie, prêtent à des constatations analogues. Luys a cité le cas d'un jeune boucher qui, à Bicêtre, récitait, sous l'influence d'un accès de manie, des tirades entières de *Phèdre*. Dans une période de calme il dit qu'il n'avait entendu qu'une fois cette tragédie, et qu'il lui était impossible, malgré tous ses efforts, d'en retrouver un seul vers. Les faits de ce genre peuvent nous faire admettre que bien des états dont nous ne nous souvenons plus ne sont pas si entièrement oubliés qu'il-le semble, et pourraient encore revivre, mais il est bien difficile d'aller plus loin dans ce sens.

Il arrive souvent que les souvenirs anciens réapparaissent lorsque les plus nouveaux s'en vont. L'ordre de disparition des souvenirs se ferait en sens inverse de l'ordre d'acquisition, les nouveaux venus partiraient les premiers. C'est ce que l'on a appelé la loi de régression[1]. On sait

1. Voir Ribot, *Maladies de la mémoire*, Paris, F. Alcan.

que les vieillards se rappellent mieux, en bien des
cas, ce qui s'est passé pendant leur jeunesse que
ce qui s'est passé il y a très peu de temps. Les
dernières acquisitions, moins enracinées, emma-
gasinées par un esprit moins vigoureux, disparaissent les premières, et derrière elles on voit
remonter les premières impressions, les premiers
souvenirs. Il arrive que, près de la mort, les
malades qui ont abandonné l'usage de leur langue
natale paraissent y revenir volontiers. Même chose
dans une période où l'esprit est troublé, désorga-
nisé. Un Italien qui résidait en Amérique donnait
des leçons d'italien, d'anglais et de français. Il
mourut à New-York de la fièvre jaune. Au commencement de sa maladie il parla anglais, au
milieu français et, le jour de sa mort, il se remit
à l'italien, sa langue natale. Un pasteur luthérien
vivant en Amérique avait remarqué que presque
tous les Allemands et les Suédois qu'il avait dans
sa congrégation, avant de mourir, priaient dans
leur langue maternelle. « J'en ai, disait-il, des
exemples innombrables, quoique plusieurs d'entre
eux, j'en suis sûr, n'aient pas parlé allemand ou
suédois depuis cinquante ou soixante ans. » (Cité
par Ribot.)

La mémoire psychologique repose sur une sorte
de modification organique. A chacun de nos actes
de mémoire correspond un état physiologique
très complexe. Et ici comme toujours ce que
nous révèle la conscience n'est qu'une faible partie
du travail qui s'accomplit dans les centres nerveux. Il y a une mémoire inconsciente dont nous
pouvons avoir une idée en songeant aux réflexes,

aux modifications innombrables que l'expérience
de chaque jour apporte à notre manière de penser
et de sentir sans que nous puissions nous rappeler quelles circonstances les ont produites, ni
même quelles elles sont, aux mille souvenirs
ignorés qui nous servent à diriger notre pensée
et notre action, sans apparaître distinctement au
sens intime, comme ces rochers cachés sous
l'eau et que l'on ne voit·pas mais qui influencent
le courant jusqu'à la surface d'une rivière, à tout
ce que supposent de changements organiques conservés la moindre modification de notre mentalité.
A vrai dire nous ne pouvons guère savoir en quoi
consistent les traces laissées dans le cerveau par
un état de l'esprit et qui se manifestent en général
par une plus grande facilité laissée au renouvelle-
ment de cet état. On a fait remarquer d'ailleurs
que les éléments nerveux n'étaient pas seuls à
présenter ce phénomène de modification. C'est
un simple fait d'observation, a dit Maudsley [1], que
d'autres éléments organiques, outre les éléments
nerveux, gardent les modifications subies à la
suite des impressions reçues, de sorte que, en un
certain sens, on peut dire qu'ils se les rappellent;
par exemple, le virus de la petite vérole fait sur
tous les éléments du corps une impression qu'ils
gardent pour toujours, quoique, au bout d'un
temps plus ou moins long, cette impression
s'affaiblisse; le virus modifie d'une manière quelconque, à nous inconnue, la constitution de ces
éléments, si bien que leur susceptibilité est pour
toujours changée. »

1. *Physiologie de l'esprit.*

II

Les exemples que j'ai cités nous montrent, à côté de la mémoire, un fait qui lui ressemble. L'usage d'une langue, par exemple, dans le cas du professeur ou des émigrants qui reviennent vers la mort au parler de leur enfance, implique la mémoire de cette langue, mais nous l'appellerions plutôt une habitude.

On a rapproché la mémoire et l'habitude au point de les confondre presque. La mémoire, dit-on est une habitude. Le retour d'un même état mental est analogue à la répétition d'un même acte. Cela est vrai, il y a entre les deux faits des analogies profondes, il n'en est pas moins possible, à mon avis, de les distinguer.

Je ne m'appuierai pas seulement pour cela sur le caractère de l'habitude de consister plutôt en actes qu'en états de conscience, parce que la façon de penser et de raisonner est un acte aussi et devient une habitude, et que la simple évocation d'un souvenir peut être considérée aussi comme un acte. Mais il est vrai qu'il n'en reste pas moins une différence entre l'habitude et la mémoire, et que l'habitude indique avec un degré supérieur d'organisation une liaison fixe entre plusieurs actes que n'implique pas au même point la mémoire. Cette différence n'a rien d'absolu.

Le rapport de l'habitude à la mémoire me paraît être à peu près celui de l'idée abstraite à l'image. L'image devient idée en se dépouillant de quelques-uns des caractères qui en faisaient une représentation concrète, et en s'associant intimement à une quantité de faits différents qui l'évoquent assez aisément pour qu'elle puisse les représenter tous et contribuent ainsi à lui donner son caractère de généralité. Pareillement, pour se tranformer en fait d'habitude le fait de mémoire perd quelques-uns de ses caractères, il devient plus abstrait, plus général, et d'autre part il entre dans une série plus fixe et constamment répétée, il se rattache plus étroitement à certains autres faits psychologiques avec lesquels il forme un système assez solide et facilement mis en état d'activité.

Un enfant fume pour la première fois. Il achète avec émotion son papier et son tabac, fait sa cigarette avec application, l'allume avec soin, respire sa fumée avec effort, et arrive souvent à une impression pénible. Il garde un souvenir assez vif de toutes ces circonstances. C'est un fait de mémoire très net. Voyons comment cette série de phénomènes se transformera en un fait d'habitude : l'abstraction que j'ai signalée se manifestera en ce que les phénomènes essentiels seuls se répéteront et resteront. Tout le reste s'effacera peu à peu. Le jeune homme achètera son tabac à peu près sans y prendre garde, roulera sa cigarette sans effort, et aspirera sa fumée automatiquement, il n'aura plus les impressions d'audace, de risques, de tentation et de remords peut-être qu'il avait éprouvées la première fois, mille petites perceptions qu'il avait remarquées auront disparu. En revanche l'essentiel du phénomène se sera consolidé, s'effectuera sans hésitation, le papier sera moins déchiré, la fumée viendra moins faire pleurer les yeux, le goût propre du tabac sera mieux apprécié, etc. D'un autre côté l'acte de fumer se sera généralisé, il se sera associé fortement à quelques circonstances qui le provoqueront spontanément, avec le café qu'on prend après déjeuner, avec une promenade faite avant de se mettre à table, etc. Voilà comment la mémoire et l'habitude peuvent être différenciées quoiqu'il y ait entre elles des analogies tout à fait essentielles et qu'on puisse dire en forçant un peu le sens des termes que la mémoire est une habitude et que l'habitude est une mémoire.

L'habitude se caractérise en somme par un accroissement de systématisation. Tous les phénomènes inutiles tendent à s'éliminer peu à peu, au contraire les associations nécessaires à la reproduction moins imparfaite du phénoméne se multiplient et se resserrent.

Ceci nous permet de reconnaître ce qu'il y a de vrai dans l'opinion courante que l'habitude émousse les sentiments, les émotions, le plaisir et la douleur et favorise au contraire les actes. C'est que les phénomènes parasites du début sont peu à peu éliminés et que des associations systématiques s'établissent entre l'acte habituel et les autres phénomènes psychiques qui doivent le susciter, soit dans notre intérêt, si l'esprit est bien organisé, soit simplement par suite de la prépondérance acquise par la tendance habituelle s'il s'agit d'une habitude dangereuse. Mais de ces raisons la première est aussi celle qui fait que le plaisir s'émousse en bien des cas et que les émotions s'affaiblissent par l'habitude. Les émotions douloureuses accompagnent l'activité d'une tendance qui est plus ou moins contrariée, et le plaisir accompagne l'activité d'une tendance qui se satisfait assez bien, mais pas très vite ou pas complètement : il subsiste encore quelques obstacles. Aussi est-il naturel qu'à mesure que l'acte s'accomplit plus facilement la douleur et même le plaisir viennent à s'affaiblir. Et souvent au premier moment un acte nous est désagréable, puis par sa répétition et son adaptation à nos autres tendances, il devient une cause de plaisir et enfin, l'habitude aidant, il arrive à nous être à peu près indifférent.

Il peut même aboutir à l'inconscience. Il semble bien, en effet, que les conditions psychologiques et physiologiques de la conscience indiquent que l'acte qui se révèle au sens intime ne s'accomplit pas avec une entière facilité. Il paraît exiger un afflux de sang plus considérable au cerveau, une élévation plus grande de la température, une augmentation des réactions chimiques, une plus grande quantité de mouvements moléculaires moins bien coordonnés. Les plus simples et les plus parfaites des réactions des centres nerveux, les plus « habituelles ». Les réflexes, sont aussi les plus inconscientes. Les plus compliqués de nos actes, ceux qui sont le moins habituels, les actes réfléchis et volontaires, sont aussi ceux dont nous avons le mieux conscience. Le centre nerveux qui représente le mieux l'habitude et l'instinct, la moelle épinière, ne paraît pas donner lieu à des faits de conscience, ceux qui représentent un automatisme plus compliqué et moins parfait, les centres sensorio-moteurs, sont plus conscients, et enfin l'activité la moins automatique et la plus compliquée, celle du cerveau, est aussi la plus consciente.

L'action habituelle, d'une manière générale, passe des formes les plus intenses de la conscience aux plus effacées, de la douleur au plaisir, du plaisir à l'indifférence, des états affectifs à l'idée, et arrive même souvent à l'inconscience plus ou moins grande. Il semble donc bien que la marche progressive de l'esprit, à mesure que la systématisation augmente, va du sentiment à l'idée, de la conscience à l'inconscience, et que l'acte volontaire tend vers l'habitude, puis vers l'instinct, puis vers l'acte purement réflexe. Il est possible aussi que dans certains cas l'opération qui impliquait d'abord le fonctionnement des hémisphères cérébraux puisse s'accomplir ensuite par l'intermédiaire des centres sensorio-moteurs.

Ceci n'est pas en contradiction avec le fait que l'homme semble, à mesure qu'il se développe, devenir de plus en plus conscient. S'il en est ainsi, c'est que ses tendances se compliquent et que cette complication, et la formation de tendances nouvelles, compense la plus grande régularité des anciennes activités. Il y a un double mouvement. L'homme perfectionne ses tendances et ses habitudes, et en cela, il tendrait vers l'automatisme, mais en même temps il les modifie et les complique et à cause de cela il tend vers un état de conscience plus vif. Si le premier mouvement seul continuait il est probable que l'intelligence reculerait devant l'instinct et que la volonté tournerait à l'acte réflexe. La preuve en paraît donnée par les animaux qui, quoique plus conscients et moins absolument dirigés par l'instinct qu'on ne l'a peut-être cru, ne se transfcrment pas en se compliquant au même degré que nous et aussi par bon nombre d'hommes qui cessent, à un certain âge, de développer leurs désirs, de compliquer leur vie. La routine envahissante et les habitudes prises finissent par les réduire à une sorte d'automatisme instinctif qui saute aux yeux si on le compare à l'état de ceux qui renouvellent sans cesse la forme de leur activité.

Bien entendu je ne puis présenter les faits ici que sous une forme très générale, et qui laisse prise à bien des objections. Il y aurait beaucoup de nuances à indiquer et les faits ne se passent pas avec la simplicité que je viens de leur supposer. Ils se compliquent tellement que la loi générale semble parfois s'éclipser. L'habitude n'émousse pas toujours le plaisir et ne facilite pas toujours l'acte, de plus nos habitudes ont souvent à leur origine des actes inconscients et commencent par augmenter la conscience et les sentiments au lieu de les diminuer. outT cela peut s'expliquer à mon avis, bien que d'une manière parfois un peu hypothétique, mais je ne puis le faire ici. Je ne puis non plus examiner ici diverses conceptions de l'inconscience, celle par exemple qui rattache les faits inconscients à une autre conscience ignorée du moi apparent ou principal et qui, applicable en

certains cas ne paraît pas pouvoir expliquer certaines dégradations de la conscience, celle qui
accompagne par exemple la formation de nos
habitudes et bien des formes de la systématisation
croissante [1].

III

On peut donc considérer les instincts et les
réflexes comme des transformations d'actes psychologiques volontaires primitifs, encore que cette
hypothèse ne paraisse pas pouvoir rendre compte
de tout et que la réciproque soit plus exacte : les
actes volontaires et conscients tendent vers l'automatisme, les actes instinctifs et les réflexes. En
tout cas ce n'est pas là une transformation qui se
puisse accomplir chez un individu d'une manière
bien complète. Un nouveau facteur intervient,
c'est l'hérédité.

Si l'habitude se rattache à la mémoire, l'hérédité ne se rattache pas moins étroitement à l'habitude. Elle est, dit M. Ribot « l'habitude d'une
famille, d'une race ou d'une espèce... Rien de ce
qui a été ne peut cesser d'être : de là dans l'individu, l'habitude, dans l'espèce l'hérédité ».

L'hérédité physiologique est une chose indiscu-
table. Chaque être transmet à ses descendants les
caractères de son espèce, les enfants des hommes
deviennent des hommes, les petits du chien seront
des chiens. C'est là un fait banal et si évident

1. Cf. P. Janet, *L'automatisme psychologique.*

qu'il passe presque inaperçu et que personne ne songe plus guère à le remarquer et à s'étonner qu'un loup ne donne pas naissance à des renards. Il est pourtant à la base de l'hérédité psychologique, qui a été plus ou moins contestée, et qui s'y rattache naturellement.

Et en effet, on ne peut guère douter que, d'une manière générale, l'hérédité psychologique ne soit une réalité. De même que l'être vivant transmet à son fils sa constitution physique générale, il lui transmet aussi son organisation mentale. L'ensemble d'instincts qui composent le fond de la mentalité de l'animal se transmet de génération en génération. Les petits canards que la poule a fait éclore ont hérité des instincts de leurs parents en même temps que de leur bec et de leurs pattes, des poussins de race différentes qu'on a fait éclore dans une couveuse artificielle manifestent de très bonne heure les différences psychologiques que leurs parents leur ont transmises. Le fils de l'homme blanc ne sera même pas, au point de vue mental, ce qu'est l'enfant d'un nègre. Cela seul suffirait à faire de l'hérédité une loi générale, et, au fond, c'est l'essentiel. Il nous importe donc assez peu que les particularités psychologiques puissent se transmettre aussi. Mais en fait il semble bien qu'elles le puissent, et des faits curieux, bien que pour quelques-uns l'interprétation soit peut-être discutable, nous sont apportés en preuve de cette affirmation. Des aptitudes intellectuelles spéciales, des traits de caractère, des manières d'être très particulières sont transmissibles par hérédité. « Des familles entières se montrent insensibles au

chatouillement; d'autres se montrent sensibles au
moindre attouchement jusqu'à la syncope. Il est
des familles où l'on est héréditairement gaucher.
Le strabisme, la myopie, la presbytie se transmettent souvent; il en est de même de la cécité. Le
daltonisme, incapacité de distinguer les couleurs,
est héréditaire, etc [1]. » En examinant les parentés
de 51 poètes, M. Ribot en a trouvé 21 qui ont eu
un ou plusieurs parents remarquables. Encore,
sur les 51, plusieurs ont une généalogie inconnue,
d'autres n'ont pas laissé de famille. Parmi ceux
dans la famille desquels l'hérédité se manifeste,
citons : André Chénier et son frère Marie-Joseph,
Coleridge, le poète anglais, ses deux fils et sa fille,
Pierre Corneille, son frère Thomas, son neveu
Fontenelle, Victor Hugo ses deux fils et ses deux
frères, Jean Racine et son fils. Sur une série de
42 peintres des plus illustres, 21 ont eu des
parents remarquables. « Parmi les grands musiciens qui font exception à la loi d'hérédité, je ne
trouve, dit Ribot, que Bellini, Donizetti, Rossini,
Halévy ». La famille de Bach présente un cas
d'hérédité fort remarquable : « Dans cette famille
(1550-1800) on trouve 29 musiciens éminents, et
Fétis en mentionne 57 dans son *Dictionnaire bio-
graphique* ». Les familles de savants ne sont pas
rares; l'hérédité est très fréquente aussi chez les
lettrés. Les sentiments, les passions, le caractère
sont héréditaires aussi. La dipsomanie, la passion
morbide pour la boisson, se transmet très souvent.
L'envie presque irrésistible d'avaler de la terre se

1. Th. Ribot, *L'hérédité*, Paris, F. Alcan.

transmet chez certaines peuplades des régions tropicales; la passion sexuelle peut être héréditaire (Auguste et les deux Julie, Alexandre VI et ses enfants, Louise de Savoie et François Ier). Les passions du jeu, du vol, du vagabondage, se transmettent également; même remarque pour les facultés politiques (Jacques et Philippe Arteveld, Charles Fox, son grand-père, son père, son frère, plusieurs neveux, etc.), et pour les facultés militaires (Philippe et Alexandre le Grand, Pépin d'Héristal, Charles Martel, Pépin le Bref, et Charlemagne).

J'emprunte ces renseignements à l'ouvrage de M. Ribot. Peut-être pour quelques cas pourrait-on rapporter à l'éducation ou à l'imitation spontanée une partie des ressemblances entre membres de la même famille. Pour mon compte je dois dire que j'ai été souvent frappé de voir une sorte de type de caractère se montrer çà et là dans une famille, par exemple chez une femme, son fils, et ses cousins-germains, etc. J'ai vu également l'écriture d'une fille ressembler d'une manière frappante à celle de son père, et à supposer que l'imitation y fût pour quelque chose, ce qui me paraît douteux, peut-être l'hérédité expliquerait-elle que cette imitation eût été plus influente que les autres. On retrouve souvent chez un enfant à côté de traits de de caractère personnels d'autres traits qui semblent empruntés à différents membres de sa famille, et ce mélange même n'est pas fixe et paraît osciller jusqu'au moment peut-être où une combinaison plus stable l'emporte en éliminant, pour plus de systématisation, quelques uns des éléments primitifs.

Enfin l'hérédité des maladies est chose très fréquente : la tendance morbide au suicide est fréquemment transmise, les hallucinations, la lypémanie, la manie, etc., sont dans le même cas. Souvent aussi c'est simplement un état pathologique pour ainsi dire abstrait qui paraît se léguer, la névrose change de caractère. « Rien n'est plus fréquent que de voir la folie devenir suicide ou le suicide devenir folie, alcoolisme, hypochondrie. »

Nous avons jusqu'ici examiné l'hérédité seulement dans une même espèce et même dans une race. Si les races, si les espèces descendent les unes des autres ou sont reliées par une parenté plus ou moins éloignée, on doit trouver dans les individus des souvenirs lointains des races et des espèces qui ont précédé l'espèce à laquelle ils appartiennent ou qui sont en parenté avec elle.

Un certain nombre de faits ont été relevés que l'on a, en effet, essayé d'interpréter ainsi. L'explication est séduisante mais elle ne peut guère cesser d'être hypothétique. Ces faits constitueraient une sorte de régression analogue à celle que nous avons étudiée plus haut. Quand les sentiments supérieurs, la raison, les habitudes les plus fortes sont dissous ou rompus, dans la folie, le rêve, la maladie, les tendances inférieures se donnent libre cours, les affinités des éléments psychiques se manifestent, d'anciennes associations se reforment, les habitudes rompues se renouent et les vieux souvenirs qui semblaient perdus ressortent, si je puis dire, à la surface de l'esprit.

Nous avons vu que les vieillards en démence se rappelaient encore leur jeunesse. Si la dégénérescence de l'esprit s'aggrave suffisamment, on comprend que le retour aux états antérieurs de l'individu s'accompagne d'un retour aux états antérieurs de la race, aux habitudes des ancêtres et même, selon la théorie transformiste, aux habitudes d'espèces différentes et plus ou moins rapprochées par la parenté. Laycock croit avoir observé souvent que dans les affections cérébrales qui atteignent l'homme d'une haute culture intellectuelle il y a une réversion, un retour à l'état mental de l'enfance, des ancêtres et même de l'homme sauvage. « Dans certaines affections cérébrales avec aphasie, le langage acquis est complètement perdu et le langage de l'enfance reste seul ; ou bien des langues étrangères apprises pendant la jeunesse sont employées de nouveau. » C'est la régression ordinaire, mais voici un cas, où l'on voit reparaître, *dans le sommeil*, une habitude ancestrale et que Darwin cite d'après Francis Galton : « Un personnage était sujet à l'habitude que voici : lorsqu'il était étendu sur le dos dans son lit et profondément endormi, il élevait le bras droit lentement au-dessus de son visage jusqu'au niveau de son front, puis l'abaissait par une secousse, en sorte que le poignet tombait pesamment sur le dos de son nez. » Le geste ne se produisait pas chaque nuit, et on ne lui connaissait pas de cause appréciable. Son fils et une fille de ce fils héritèrent du même tic. D'après Laycock, qui rapporte aussi le fait, il est probable que cet acte avait pour origine l'habitude prise par le grand-père ou un de ses parents de se frapper la figure ou le menton quand il ne dormait pas. La paille qui a servi pour

la litière des lions et des tigres ne peut ensuite
servir aux chevaux, parce que l'odeur de cette
paille les épouvante quand on l'introduit dans
leur étable. « Bien des générations de chevaux
domestiques, ajoute Laycock, ont dû se succéder
depuis que le cheval sauvage, que nous devons
supposer l'ancêtre de l'animal domestique, a été
exposé aux attaques de ces représentants de la
race féline ». Chez quelques idiots il y a régression, un retour au type de la bête et l'on a
expliqué par l'atavisme et l'arrêt de développement certains caractères des microcéphales. Je
dois dire que ces explications ont été contestées.

Peut-être pourrait-on voir encore des analogies
entre l'hérédité et la psychologie individuelle dans
les cas où les pères et les fils ont des caractères
opposés, on sait que les proverbes disent à la
fois « tel père, tel fils » et « à père avare fils
prodigue ». Le second cas ne serait-il pas une
sorte d'association par contraste dans la race et
ne s'expliquerait-il pas de la même façon, par
un mécanisme analogue à celui des couleurs
complémentaires? Certaines tendances trop exercées chez le père seraient-elles fatiguées, et par
là leur influence serait-elle diminuée et céderait-elle
à celles des tendances opposées? Je n'insiste pas
davantage sur ces hypothèses. Mentionnons encore
pour en finir avec ce point l'atavisme psychologique, par lequel l'enfant, au lieu de reproduire
les caractères physiques et moraux de son père,
reproduit ceux de son grand-père ou d'un parent
plus éloigné. Parfois, par un mécanisme assez
obscur qui n'est pas celui de l'hérédité directe,

au moins ne peut-on l'affirmer, c'est à un colla-téral qu'il ressemble.

Si les phénomènes biologiques nous donnent pour ces phénomènes psychologiques des équi-valents, nous leur trouvons également des analo-gies avec certains faits sociologiques qu'on a appelés des faits de survivance, et qui consistent essentiellement en ce que certaines habitudes sociales, certaines rites, certaines cérémonies se conservent qui sont tout à fait en désaccord avec l'état social actuel, et ne s'expliquent que par le maintien d'un fragment d'un état social disparu. On pourrait aussi, dans les crises profondes, quand les liens sociaux supérieurs se rompent et que les coordinations se défont voir reparaître des formes d'activité sociale disparues ou momentanément réfrénées et qui reprennent tout à coup leur ancien pouvoir. A mon sens, non seulement ces faits se rapprochent beaucoup de la régression psycholo-gique, mais ils permettent de la mieux comprendre et de l'interpréter plus sûrement.

Ainsi en suivant l'organisation depuis ses débuts jusqu'à son état le plus avancé, nous voyons l'état nouveau, quel qu'il soit, connaissance ou senti-ment, laisser dans l'esprit des traces diverses, imprimer une modification plus ou moins consi-dérable au moi, se fixer peu à peu en se transfor-mant plus ou moins, se débarrasser des éléments parasites qui gênent son activité, s'associer à d'autres éléments et former avec eux des synthèses de plus en plus larges, puis s'épurer de plus en plus, arriver à une activité plus sûre, plus rapide, plus précise et moins consciente, descendre pour ainsi dire dans les couches profondes de l'esprit, et, recouvert en apparence et comme submergé par des impressions plus fraîches et plus vives, continuer à vivre d'une vie cachée et sûre, s'annexer aux dispositions générales qui constituent la mentalité de l'individu d'abord, puis la mentalité, de la race ou de l'espèce, devenir pour ainsi dire indépendant du temps et de l'espace et, se perpétuant par son passage d'un individu à l'autre, participer à la vie indéfiniment longue de l'espèce à travers l'existence éphémère de l'individu.

Cette longue transformation est en partie hypothétique, elle implique l'hérédité des qualités acquises, encore contestée, mais qui semble toutefois réelle. Elle représente un côté de l'évolution générale, l'évolution psychologique qui transformerait les instincts, dans lesquels il ne faudrait voir que des habitudes devenues héréditaires. Je ne puis examiner ici toutes les difficultés qui se présentent et il faut me contenter d'une conception des faits assez probable dans son ensemble, mais discutable sur plusieurs points et en tout cas fort simplifiée.

1. Voir pour les sujets traités dans ce chap. Bain, *Les sens et l'intelligence*, Paris, F. Alcan ; Darwin, *Œuvres* ; Léon Dumont, *De l'habitude*, *Revue philosophique*, 1876 ; Laycock, *Les lois de la mémoire personnelle et ancestrale*, *Revue scientifique*, 1876 ; Le Dantec, *Évolution individuelle et hérédité* ; Maudsley, *Physiologie de l'esprit* ; Ribot, *L'hérédité psychologique*, Paris, F. Alcan ; Quatrefages (A. de), *L'espèce humaine* ; Spencer, *Principes de psychologie*, Paris, F. Alcan ; Weissmann, *Études sur la sélection et l'hérédité*.

CONCLUSION

L'ESPRIT ET LA SOCIÉTÉ.

De tous les côtés, en étudiant l'esprit humain, nous arrivons à dépasser l'individu. Si nous examinons les éléments qui le composent nous voyons que tous portent la marque de l'activité sociale, il n'est pas une de nos idées, pas une de nos perceptions, pas un de nos sentiments qui ne soit influencé par le milieu social où nous avons vécu, où nous avons été élevés, où nous travaillons, par les expériences de nos ancêtres, par la société qui contribua jadis à les former. Cela peut se prévoir, d'ailleurs, par le seul fait que la psychologie a pour objet l'étude de fonctions de relation. On a pu aller jusqu'à dire que l'âme véritable de l'homme, ce n'est pas une substance qui la forme, ce n'est pas l'organisme qui la lui donne, mais que c'est la société qui la crée, et que la psychologie dépend dans une large mesure de la sociologie [1].

De plus, ces éléments n'ont souvent pas toute leur signification en eux-mêmes. Un savant, un

1. Cf. E. de Roberty, *La sociologie*, Paris, F. Alcan; Izoulet, *La cité moderne*, Paris, F. Alcan.

artiste même, à plus forte raison un fonctionnaire sont des êtres incomplets, les tendances dominantes qui les dirigent, les états d'âme qui constituent l'essentiel de leur fonction n'ont un sens et ne prennent une valeur que par la place qu'ils occupent dans un vaste ensemble qui les dépasse de toutes parts. Comme ils n'ont point leur origine en eux-mêmes, ils n'y trouvent pas davantage leur fin. La science du savant n'existerait pas si ceux qui l'ont précédé ne l'avaient préparée et en partie réalisée déjà, mais que serait-elle, à quoi serait-elle bonne, et pourrait-elle même continuer à être si elle n'était pas destinée à se transmettre à d'autres, à préparer les actions de la volonté sociale, à faciliter la vie de l'humanité? Et que seraient les impressions de l'artiste, quelle en serait la signification s'il ne devait pas les exprimer et les communiquer, apprendre aux hommes à sentir ou quelquefois à penser, faire prédominer telle ou telle forme de sentiment, telle ou telle conception de la vie, ou simplement leur faire ressentir l'émotion du beau par des combinaisons de forme, de couleur ou de son? Que seraient nos sentiments, l'amour, l'amitié, l'ambition sans notre milieu social? Il est bien plus évident encore que toutes les habitudes professionnelles ne peuvent exister et avoir quelque raison d'être que dans et par une organisation sociale.

Cela est si vrai que si le public de l'artiste et du savant n'est pas préparé à les entendre, l'artiste ou le savant se crée son public, et transforme dans une certaine mesure son milieu, il se fait l'organisme collectif dont il a besoin. S'il échoue, on peut dire que c'est là un phénomène d'ordre anormal et comme pathologique qui indique soit la médiocrité de l'individu, soit la sottise du public, soit un trouble social, un défaut d'organisation. C'est un fait analogue à celui qui se passe chez certains malades en qui le désir reste inefficace. C'est qu'il n'est pas assez fort, ou que les tendances sur lesquelles il doit agir sont affaiblies, ou que la coordination est mal établie de l'un à l'autre.

L'individu apparaît ainsi non point comme un tout, mais comme un élément, il fait partie d'un ensemble plus grand que lui. Il est dans la société ce qu'est une idée dans l'activité d'une tendance à laquelle elle se rattache, dans un réflexe psychique compliqué. L'activité d'un homme est un chaînon dans les grands actes sociaux de défense, de protection ou de conquête comme la science, l'art, la religion, l'enseignement etc., ou dans les petits ensembles d'idées ou de désirs sociaux qui constituent une société locale, une société isolée de secours mutuels, un orphéon, etc. De même que, comme nous l'avons vu, une idée peut entrer comme élément dans plusieurs tendances différentes (l'idée du pain, par exemple, ou sa perception dans une tendance organique comme le besoin de nourriture ou dans une tendance professionnelle comme celle du boulanger, ou dans un désir de charité ou de justice, etc.) de même chacun de nous peut être utilisé par diverses tendances sociales. Un homme sera mari et père, il sera aussi et alternativement commer-

çant et soldat, membre d'une église et d'une
société coopérative, conseiller municipal etc.,
sans parler des petites actions sociales moins importantes et moins bien coordonnées. Dans tout
cela, l'homme est un élément, non un tout, il
reçoit du système qui l'incorpore une direction
continue, il existe pour et par lui.

De même que nous le voyons enchaîné dans
une société à un moment donné de son évolution,
nous le voyons aussi comme un anneau très dépendant d'une longue série de générations dans laquelle
il prend place. On a beaucoup parlé en ces derniers temps de la continuité du plasma germinatif,
sorte de substance à peu près immortelle, que
les individus éphémères se transmettraient de
l'un à l'autre, et qu'ils auraient en somme, pour
fonction essentielle, au point de vue biologique,
de faire durer. Sans avoir à examiner cette conception, je crois qu'on pourrait dire aussi sans
trop forcer les choses que les individus ont surtout pour rôle de conserver et de se faire passer
de l'un à l'autre une sorte de mentalité générale
d'abord et aussi surtout quelques idées abstraites,
quelques grandes tendances qui vont se développant et qui meurent un jour, mais après avoir duré
pendant des générations. Bien des vies d'hommes
passent et disparaissent pendant que la mentalité
générale, l'ensemble des instincts va toujours,
persistant à travers les âges, se développant,
s'enrichissant des traces laissées par les idées et
les tendances moins vivaces qu'elle-même et qui
ne disparaissent point sans l'avoir quelque peu
transformée.

Devant ces grandes formes et ces puissants facteurs de la civilisation, devant une religion, devant la science, l'art, le langage, les générations humaines sont en effet peu de chose. La religion chrétienne s'est développée, s'est transformée pendant dix-neuf-cents ans, et son évolution n'est peut-être pas terminée. Qui pourrait dire le nombre d'hommes qu'elle a employés et qu'elle a usés, les forces mentales, les actions sociales, les générations successives qu'elle a fait converger vers elle? Notre science moderne bien jeune encore, combien d'esprits n'a-t-elle pas déjà asservis, et combien en épuisera-t-elle encore avant d'arriver à son point culminant, avant de prendre sa forme définitive, si elle peut en avoir une? Et que reste-t-il dans l'âme humaine quand meurent ces êtres si puissants et si grands? Une habitude de plus, une disposition à sentir, à penser, à agir autrement qu'auparavant, quelques instincts, quelques habitudes qui élargissent un peu plus et systématisent un peu mieux l'âme humaine, qui enrichissent un peu le trésor mental de notre espèce, qui dégagent un peu plus la vie de l'humanité.

Faut-il donc que l'individu soit condamné à disparaître devant la famille ou devant l'État, qu'il s'amoindrisse indéfiniment dans la série des générations, qu'il s'évanouisse presque devant ces grands phénomènes généraux : la religion, l'art ou la science, et qu'il soit pour ainsi dire absorbé dans l'âme de l'humanité. Cela est légitime en un sens. Mais il est un fait important que nous ne devons pas oublier et par lequel l'individu reprend ses droits et son importance. C'est que c'est l'individu lui-même qui est le point de rencontre de toutes ces grandes forces que nous venons de passer en revue, c'est que c'est l'individu qui les combine, les coordonne et les transforme selon sa nature propre, selon sa volonté et ses instincts, selon son intelligence et ses efforts personnels.

C'est dans l'individu que commencent tous ces changements dont la puissance le dépasse tant et l'anéantit presque. C'est par lui, par son invention qu'ils se transforment, c'est lui qui est le centre de cette action automatique ou volontaire par laquelle la société se protège ou se transforme. C'est lui qui a l'initiative des changements qui vont bouleverser le monde. Sans doute il ne sait pas toujours quelles seront les conséquences de ses idées, de ses désirs et de ses actes. Sans doute il ne les comprend pas toujours bien lui-même, et parfois il en serait épouvanté. Il est permis de croire que les plus révolutionnaires d'entre les hommes renieraient certaines conséquences qu'on a tirées de leur œuvre, et ce sont parfois celles que nous jugerions les meilleures et les plus avancée. Il n'en reste pas moins que c'est l'esprit d'un homme qui commence — non pas absolument sans doute, mais parfois d'une manière très frappante — un changement, et c'est l'esprit d'un autre homme qui vient à ce changement en associer un autre et multiplier ou transformer son effet[1].

1. Voir les ouvrages de M. Tarde, *Les lois de l'imitation*, Paris, F. Alcan ; *La logique sociale*, Paris, F. Alcan.

C'est par l'homme que la société se transforme, que les grands facteurs sociaux évoluent, comme c'est par l'action des éléments psychiques et des éléments du cerveau que l'homme lui-même se modifie.

Aussi ne faut-il jamais sacrifier complètement, ni ne faut-il pas toujours subordonner l'individu à la société, à un ensemble de générations, ou à quelque grande force sociale. En certains cas l'individu a raison contre la foule, contre l'État, contre l'art de son temps, contre la science de ses contemporains ou contre la religion. Rembrandt avait raison contre ses contemporains qui le méconnurent et Galilée avait raison contre ses juges. Mais en ce cas même l'individu ne tire pas seulement de lui-même son droit et sa force. Il représente des vérités, des beautés supérieures à celles qu'il combat. Il représente une société plus haute, plus grande que celle qui l'opprime, comme un désir noble éclos par hasard dans un âme de brute qui l'étouffe dédaigneusement. Et cette société il l'appelle, et dans une certaine mesure il la fait.

Parfois son œuvre restera interrompue, et la société ne s'élèvera peut-être jamais à sa hauteur, elle restera éternellement dans son tort vis-à-vis de lui. Parfois aussi, plus tard, en partie grâce à lui, une nouvelle mentalité se formera et modifiera les formes sociales, les manières de voir, de penser, de sentir et d'agir, et le malheureux d'autrefois, si son nom n'a pas disparu, sera vénéré comme un précurseur ou comme un martyr.

En rétablissant ainsi, au nom même de l'intérêt social et de la grandeur de l'humanité les droits de l'individu, nous donnons la mesure de l'importance et de la nature de la science qui étudie cet individu, de la psychologie. Placée dans la hiérarchie des sciences entre la biologie et la sociologie elle a besoin de l'une et de l'autre, mais la physiologie aussi a besoin d'elle pour couronner ses recherches et la sociologie ne gagnerait pas, à mon avis, à se passer de ses explications [1], encore qu'il faille, certes, éviter de les faire trop simples et de ne pas tenir compte de la complexité singulière des actions et des réactions en pareille matière.

L'esprit dépasse en un sens la société même. On pourrait étudier ses rapports avec le monde en général, sa place et son rôle dans l'univers. La philosophie psychologique est inépuisable pour nous. Mais je ne puis songer à l'aborder ici dans toute sa complexité, d'abord parce que la place me manquerait et aussi parce que je ne veux pas émettre beaucoup plus d'hypothèses qu'il n'en faut pour exposer sommairement les résultats les plus généraux et les plus synthétiques de la psychologie scientifique. Il m'aura donc suffi d'avoir indiqué comment la science de l'esprit se rattache étroitement d'un côté à la science de l'organisme,

---

1. Sur ce point on peut consulter, comme représentant des tendances tout à fait opposées, les livres déjà signalés de M. Tarde et ceux de M. Durkheim, *La division du travail social*, Paris, F. Alcan, *La méthode sociologique*, Paris, F. Alcan.

de l'autre à la science des sociétés sans se laisser absorber ni par l'une ni par l'autre [1].

1. Je me permets de renvoyer pour les questions de philosophie psychologique, à mon *Activité mentale*, Paris, F. Alcan, 3° partie. liv. II.

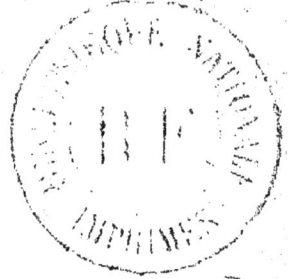

TABLE DES MATIÈRES

1647-09. — Coulommiers. Imp. Paul BRODARD. — P12-09.

BIBLIOTHÈQUE UTILE

Élégants volumes in-32 de 192 pages chacun.

Chaque volume broché, **60** *cent.*

Guyot (Yves). Les préjugés économiques.

Henneguy. Histoire de l'Italie depuis 1815 jusqu'à nos jours.

Huxley. Premières notions sur les sciences. 4e édit.

Jevons (Stanley). L'économie politique. 10e édit.

Jouan. Les îles du Pacifique.
— La chasse et la pêche des animaux marins.

Jourdan (J.). La justice criminelle en France. 2e édit.

Jourdy. Le patriotisme à l'école. 3e édit.

Larbalétrier (A.). L'agriculture française (avec fig.).
— Les plantes d'appartement, de fenêtres et de balcons (avec fig.).

Larivière (Ch. de). Les origines de la guerre de 1870.

Larrivé. L'assistance publique en France.

Laumonier (Dr J.). L'hygiène de la cuisine.

Leneveux. Le budget du foyer. Économie domestique. 3e édit.
— Le travail manuel en France. 2e édit.

Lévy (Albert). Histoire de l'air (avec fig.). 3e édit.

Lock (F.). Jeanne d'Arc (1429-1431). 3e édit.
— Histoire de la Restauration 5e édit.

Mahaffy. L'antiquité grecque (avec fig.).

Maigne. Les mines de la France et de ses colonies.

Mayer (G.). Les chemins de fer (avec fig.).

Merklen (P.). La Tuberculose; son traitement hygiénique.

Meunier (G.). Histoire de la littérature française. 4e éd.
— Histoire de l'art ancien, moderne et contemporain (avec fig.).

Mongredien. Histoire du libre-échange en Angleterre.

Monin. Les maladies épidémiques. Hygiène et prévention (avec fig.).

Morin. Résumé populaire du code civil, 6e édit., avec un appendice sur *la loi des accidents du travail* et la *loi des associations.*

Noël (Eugène). Voltaire et Rousseau. 5e édit.

Ott (A.). L'Asie occidentale et l'Egypte. 2e édit.

Paulhan (F.). La physiologie de l'esprit. 6e édit. (avec fig.)

Paul Louis. Les lois ouvrières dans les deux mondes.

Petit. Économie rurale et agricole.

Pichat (L.). L'art et les artistes en France. (*Architectes, peintres et sculpteurs*). 5e édit.

Quesnel. Histoire de la conquête de l'Algérie.

Raymond (E.). L'Espagne et le Portugal. 3e édit.

Regnard. Histoire contemporaine de l'Angleterre depuis 1815 jusqu'à nos jours.

Renard (G.). L'homme est-il libre? 6e édit.

Robinet. La philosophie positive. A. Comte et P. Laffitte. 6e éd.

Rolland (Ch.). Histoire de la maison d'Autriche. 3e édit.

Sérieux et Mathieu. L'Alcool et l'alcoolisme. 4e édit.

Spencer (Herbert). De l'éducation. 13e édit.

Turck. Médecine populaire. 7e édit.

Vaillant. Petite chimie de l'agriculteur.

Zaborowski. L'origine du langage. 7e édit.
— Les migrations des animaux. 4e édit.
— Les grands singes. 2e édit.
— Les mondes disparus (avec fig.) 4e édit.
— L'homme préhistorique. 7e édit. (avec fig.)

Zevort (Edg.). Histoire de Louis-Philippe. 4e édit.

Zurcher (F.). Les phénomènes de l'atmosphère. 7e édit.

Zurcher et Margollé. Télescope et microscope. 3e édit.
— Les phénomènes célestes. 2e éd.

BIBLIOTHÈQUE
DE PHILOSOPHIE CONTEMPORAINE

VOLUMES IN-16.
Brochés, 2 fr. 50.
Derniers volumes publiés :

J. Bourdeau
Pragmatisme et modernisme.
G. Compayré.
L'adolescence.
Em. Cramaussel.
Le premier éveil intellectuel de l'enfant.
E. d'Eichthal.
Pages sociales.
J. Girod.
Démocratie, patrie et humanité.

Alaux.
Philosophie de Victor Cousin.
R. Allier.
Philosophie d'Ernest Renan. 3e éd.
L. Arréat.
La morale dans le drame. 3e édit.
Mémoire et imagination. 2e édit.
Les croyances de demain.
Dix ans de philosophie (1890-1900).
Le sentiment religieux en France.
Art et psychologie individuelle.
G. Aslan.
Expérience et Invention en morale.
G. Ballet.
Langage intérieur et aphasie. 2e éd.
A. Bayet.
La morale scientifique. 2e édit.
Beaussire.
Antécédents de l'hégélianisme.
Bergson.
Le rire. 5e éd.
Binet.
Psychologie du raisonnement. 4e éd.
Hervé Blondel.
Les approximations de la vérité.
C. Bos.
Psychologie de la croyance. 2e éd.
Pessimisme, féminisme, moralisme.
M. Boucher.
Essai sur l'hyperespace. 2e éd.
C. Bouglé.
Les sciences sociales en Allemagne.
Qu'est-ce que la sociologie ?

A. Joussain.
Le fondement psychologique de morale.
G. Palante.
La sensibilité individualiste.
Fr. Paulhan.
La morale de l'ironie.
A. Schopenhauer.
Métaphysique et esthétique.

J. Bourdeau.
Les maîtres de la pensée. 5e éd.
Socialistes et sociologues. 2e édit.
E. Boutroux.
Conting. des lois de la nature. 6e éd.
Brunschvicg.
Introd. à la vie de l'esprit. 2e éd.
L'idéalisme contemporain.
C. Coignet.
Protestantisme français au xixe siècle
Coste.
Dieu et l'âme. 2e édit.
A. Cresson.
Bases de la philos. naturaliste.
Le malaise de la pensée philos.
La morale de Kant. 2e éd.
G. Danville.
Psychologie de l'amour. 4e édit.
L. Dauriac.
La psychol. dans l'Opéra français.
J. Delvolvé.
L'organisation de la conscience morale.
L. Dugas.
Psittacisme et pensée symbolique.
La timidité. 4e édit.
L. Dugas.
Psychologie du rire.
L'absolu.
L. Duguit.
Le droit social, le droit individuel et la transformation de l'État.

G. Dumas.
Le sourire.

Dunan.
Théorie psychologique de l'espace.

Duprat.
Les causes sociales de la folie.
Le mensonge. 2e édit·

Durand (DE GROS).
Philosophie morale et sociale.

E. Durkheim.
Les règles de la méthode sociol. 4e éd.

E. d'Eichthal.
Cor. de S. Mill et G. d'Eichthal.
Les probl. sociaux et le socialisme.

Encausse (PAPUS).
Occultisme et spiritualisme. 2e éd.

A. Espinas.
La philos. expériment. en Italie.

E. Faivre.
De la variabilité des espèces.

Ch. Féré.
Sensation et mouvement. 2e édit.
Dégénérescence et criminalité. 4e éd.

E. Ferri.
Les criminels dans l'art.

Fierens-Gevaert.
Essai sur l'art contemporain. 2e éd.
La tristesse contemporaine. 5e éd.
Psychol. d'une ville. Bruges. 3e éd.
Nouveaux essais sur l'art contemp.

Maurice de Fleury.
L'âme du criminel. 2e éd.

Fonsegrive.
La causalité efficiente.

A. Fouillée.
Propriété sociale et démocratie.

E. Fournière.
Essai sur l'individualisme. 2e édit.

Gauckler.
Le beau et son histoire.

G. Geley.
L'être subconscient. 2e édit.

E. Goblot.
Justice et liberté. 2e édit.

A. Godfernaux.
Le sentiment et la pensée. 2e édit.

J. Grasset.
Les limites de la biologie. 5e édit.

G. de Greef.
Les lois sociologiques. 4e édit.

Guyau.
La genèse de l'idée de temps. 2e éd.

E. de Hartmann.
La religion de l'avenir. 7e édition.
Le Darwinisme. 8e édition.

R. C. Herckenrath.
Probl. d'esthétique et de morale.

Marie Jaëll.
L'intelligence et le rythme dans
les mouvements artistiques.

W. James.
La théorie de l'émotion. 3e édit.

Paul Janet.
La philosophie de Lamennais.

Jankelevitch.
Nature et société.

J. Lachelier.
Du fondement de l'induction. 5e éd.
Études sur le syllogisme.

C. Laisant.
L'Éducation fondée sur la science.

Mme Lampérière.
Le rôle social de la femme.

A. Landry.
La responsabilité pénale.

Lange.
Les émotions. 2e édit.

Lapie.
La justice par l'État.

Laugel.
L'optique et les arts.

Gustave Le Bon.
Lois psychol. de l'évol. des peuples.
Psychologie des foules. 14e éd.

F. Le Dantec.
Le déterminisme biologique. 3e éd.
L'individualité et l'erreur individualiste. 3e édit.
amarckiens et darwiniens. 3e éd. L

G. Lefèvre.
Obligation morale et idéalisme.

Liard.
Les logiciens anglais contem. 5e éd.
Définitions géométriques. 3e édit.

H. Lichtenberger.
La philosophie de Nietzsche. 11e éd.
Aphorismes de Nietzsche. 4e éd.

O. Lodge.
La vie et la matière. 2e édit.

Lombroso.
L'anthropologie criminelle. 5e éd.
John Lubbock.
Le bonheur de vivre. 2 vol. 11e éd.
L'emploi de la vie. 7e édit.
G. Lyon.
La philosophie de Hobbes.
E. Marguery.
L'œuvre d'art et l'évolution. 2e édit
Mauxion.
L'éducation par l'instruction. 2e éd.
Nature et éléments de la moralité.
G. Milhaud.
Les conditions et les limites de la
certitude logique. 2e édit.
Le rationnel.
Mosso.
La peur. 4e éd.
La fatigue intellect. et phys. 6e éd.
E. Murisier.
Les mal. du sent. religieux. 3e éd.
A. Naville.
Nouvelle classif. des sciences. 2e éd.
Max Nordau.
Paradoxes psychologiques. 6e éd.
Paradoxes sociologiques. 5e édit.
Psycho-physiologie du génie. 4e éd.
Novicow.
L'avenir de la race blanche. 2e édit.
Ossip-Lourié.
Pensées de Tolstoï. 2e édit.
Philosophie de Tolstoï. 2e édit.
La philos. soc. dans le théât. d'Ibsen.
Nouvelles pensées de Tolstoï.
Le bonheur et l'intelligence.
Croyance religieuse et croyance
intellectuelle.
G. Palante.
Précis de sociologie. 4e édit.
W.-R. Paterson (SWIFT).
L'éternel conflit.
Paulhan.
Les phénomènes affectifs. 2e édit.
Psychologie de l'invention.
Analystes et esprits synthétiques.
La fonction de la mémoire.
J. Philippe.
L'image mentale.
**J. Philippe
et G. Paul-Boncour.**
Les anomalies mentales chez les
écoliers. 2e édit.

F. Pillon.
La philosophie de Charles Secrétan.
Pioger.
Le monde physique.
L. Proal.
L'éducation et le suicide des enfants.
Queyrat.
L'imagination chez l'enfant. 4e édit.
L'abstraction. 2e édit.
Les caractères et l'éducation morale.
La logique chez l'enfant. 3e éd.
Les jeux des enfants. 2e édit.
G. Rageot.
Les savants et la philosophie.
P. Regnaud.
Précis de logique évolutionniste.
Comment naissent les mythes.
G. Renard.
Le régime socialiste. 6e édit.
A. Réville.
Divinité de Jésus-Christ. 4e éd.
A. Rey.
L'énergétique et le mécanisme.
Th. Ribot.
La philos. de Schopenhauer. 12e éd.
Les maladies de la mémoire. 20e éd.
Les maladies de la volonté. 25e éd.
Les mal. de la personnalité. 14e édit.
La psychologie de l'attention. 10e éd.
G. Richard.
Socialisme et science sociale. 2e éd.
Ch. Richet.
Psychologie générale. 7e éd.
De Roberty.
L'agnosticisme. 2e édit.
La recherche de l'Unité.
Psychisme social.
Fondements de l'éthique.
Constitution de l'éthique.
Frédéric Nietzsche.
E. Roerich.
L'attention spontanée et volontaire.
J. Rogues de Fursac.
Mouvement mystique contemp.
Roisel.
De la substance.
L'idée spiritualiste. 2e édit.
Roussel-Despierres.
L'idéal esthétique.

Rzewuski.
L'optimisme de Schopenhauer.

Schopenhauer.
Le libre arbitre. 10e édition.
Le fondement de la morale. 10e éd.
Pensées et fragments. 22e édition.
Écrivains et style. 2e édit.
Sur la religion. 2e édit.
Philosophie et philosophes.
Éthique, droit et politique.

P. Sollier.
Les phénomènes d'autoscopie.

P. Souriau.
La rêverie esthétique.

Herbert Spencer.
Classification des sciences. 9e édit.
L'individu contre l'Etat. 8e éd.
L'association en psychologie.

Stuart Mill.
Correspondance avec G. d'Eichthal.
Auguste Comte et la philosophie positive. 8e édition.
L'utilitarisme. 5e édition.
La liberté. 3e édit.

Sully Prudhomme.
Psychologie du libre arbitre.

Sully Prudhomme et Ch. Richet.
Le probl. des causes finales. 4e éd.

Tanon.
L'évol.du droit et la consc.soc.2e éd.

Tarde.
La criminalité comparée. 6e éd.
Les transformations du droit. 6e éd.
Les lois sociales. 5e édit.

J. Taussat.
Le monisme et l'animisme.

Thamin.
Éducation et positivisme. 2e éd.

P.-F. Thomas.
La suggestion, son rôle. 4e édit.
Morale et éducation. 2e éd.

Tissié.
Les rêves. 2e édit.

Wundt.
Hypnotisme et suggestion. 4e édit.

Zeller.
Christ. Baur et l'école de Tubingue.

Th. Ziegler.
La question sociale 3e éd.

VOLUMES IN-8.

Brochés, à 5, 7.50 et 10 fr.

Derniers volumes publiés :

J.-H. Boex-Borel.
(J.-H. Rosny aîné).
Le pluralisme.   5 fr.

L. Dugas.
Le problème de l'éducation.   5 fr.

A. Fouillée.
Le socialisme et la sociologie réformiste.   7 fr. 50

Hermant et Van de Waele
Les principales théories de la logique contemporaine.   5 fr.

Hubert et Mauss.
Mélanges d'histoire des religions.
                                    5 fr

M.-A. Leblond.
L'idéal du xixe siècle.   5 fr.

C. Lombroso.
L'homme de génie (avec planches),
4e édit.   10 fr.

E. Naville.
Les philosophies affirmatives. 7 fr.50

G. Rodrigues.
Le problème de l'action.   3 fr. 75

F. Schiller.
Etudes sur l'humanisme.   10 fr.

A. Schinz.
Anti-pragmatisme.   5 fr.

P. Sollier.
Le doute.   7 fr. 50

P. Souriau.
La suggestion dans l'art. 2e édit.
                                    5 fr.

Sully-Prudhomme.
Le lien social. 3 fr. 75

P. Tisserand.
L'anthropologie de Maine de Biran.
10 fr.

Ch. Adam.
La philosophie en France (première
moitié du XIXe siècle). 7 fr. 50
Arréat.
Psychologie du peintre. 5 fr.
Dr L. Aubry.
La contagion du meurtre. 5 fr.
Alex. Bain.
La logique inductive et déductive.
5e édit. 2 vol. 20 fr.
Les sens et l'intell. 3e édit. 10 fr.
J.-M. Baldwin.
Le développement mental chez
l'enfant et dans la race. 7 fr. 50
J. Bardoux.
Psychol. de l'Angleterre contemp.
(les crises belliqueuses). 7 fr. 50
Psychologie de l'Angleterre con-
temporaine (les crises politiques)
5 fr.
Barthélemy Saint-Hilaire.
La philosophie dans ses rapports
avec les sciences et la religion. 5 fr.
Barzelotti.
La philosophie de H. Taine. 7 fr. 50
A. Bayet.
L'idée de bien. 3 fr. 75
Bazaillas.
Musique et inconscience. 5 fr.
La vie personnelle. 5 fr.
G. Belot.
Études de morale positive. 7 fr. 50
H. Bergson.
Essai sur les données immédiates
de la conscience. 6e édit. 3 fr. 75
Matière et mémoire. 5e édit. 5 fr.
L'évolution créatrice. 5e éd. 7 fr. 50
R. Berthelot.
Evolutionnisme et platonisme. 5 fr.
A. Bertrand.
L'enseignement intégral. 5 fr.
Les études dans la démocratie. 5 fr.
A. Binet.
Les révélations de l'écriture. 5 fr.

C. Bloch.
La philosophie de Newton. 10 fr.
Em. Boirac.
L'idée du phénomène. 5 fr.
La psychologie inconnue. 5 fr.
Bouglé.
Les idées égalitaires. 2e éd. 3 fr. 75
Essais sur le régime des castes. 5 fr.
L. Bourdeau.
Le problème de la mort. 4e éd. 5 fr.
Le problème de la vie. 7 fr. 50
Bourdon.
L'expression des émotions. 7 fr. 50
Em. Boutroux.
Études d'histoire de la philosophie.
2e édit. 7 fr. 50
Braunschvig.
Le sentiment du beau et le senti-
ment politique. 7 fr. 50
L. Bray.
Du beau. 5 fr.
Brochard.
De l'erreur. 2e éd. 5 fr.
M. Brunschvicg.
Spinoza. 2e édit. 3 fr. 75
La modalité du jugement. 5 fr.
L. Carrau.
Philosophie religieuse en Angle-
terre. 5 fr.
Ch. Chabot.
Nature et moralité. 5 fr.
A. Chide.
Le mobilisme moderne. 5 fr.
Clay.
L'alternative. 2e éd. 10 fr.
Collins.
Résumé de la phil. de H. Spencer.
4e éd. 10 fr.
Cosentini.
La sociologie génétique. 3 fr. 75
A. Coste.
Principes d'une sociol. obj. 3 fr. 75
L'expérience des peuples. 10 fr.
C. Couturat.
Les principes des mathématiques. 5 f.

Crépieux-Jamin.
L'écriture et le caractère.5ᵉ éd. 7.50
A. Cresson.
Morale de la raison théorique. 5 fr.
Dauriac.
Essai sur l'esprit musical. 5 fr.
H. Delacroix.
Etudes d'histoire et de psychologie
du mysticisme. 10 fr.
Delbos.
Philos. pratique de Kant. 12 fr. 50
J. Delvaille.
La vie sociale et l'éducation. 3fr.75
J. Delvolve.
Religion, critique et philoso nie
positive chez Bayle. 7 fr 50
Draghicesco.
L'individu dans le déterminisme
social. 7 fr. 50
Le problème de la conscience.
3 fr. 75
G. Dumas.
La tristesse et la joie. 7 fr. 50
St-Simon et Auguste Comte. 5 fr.
G.-L. Duprat.
L'instabilité mentale. 5 fr.
Duproix.
Kant et Fichte. 2ᵉ édit. 5 fr.
Durand (DE GROS).
Taxinomie générale. 5 fr.
Esthétique et morale. 5 fr.
Variétés philosophiques. 2ᵉ éd. 5 fr.
E. Durkheim.
De la div. du trav. soc. 2ᵉ éd. 7 fr.50
Le suicide, étude sociolog. 7 fr. 50
L'année sociologique. 10 volumes :
1ʳᵉ à 5ᵉ années. Chacune. 10 fr.
6ᵉ à 10ᵉ. Chacune. 12 fr. 50
V. Egger.
La parole intérieure. 2ᵉ éd. 5 fr.
Dwelshauvers.
La synthèse mentale. 5 fr.
A. Espinas.
La philosophie sociale au XVIIIᵉ siè-
cle et la Révolution. 7 fr. 50
Enriques.
Les problèmes de la science et la
logique. 3 fr. 75
F. Evellin.
La raison pure et les antinomies. 5fr.

G. Ferrero.
Les lois psychologiques du sym-
bolisme. 5 fr.
Enrico Ferri.
La sociologie criminelle. 10 fr.
Louis Ferri.
La psychologie de l'association. de-
puis Hobbes. 7 fr. 50
J. Finot.
Le préjugé des races.3ᵉ éd. 7 fr. 50
Philosophie de la longévité. 12ᵉ éd.
5 fr.
Fonsegrive.
Le libre arbitre. 2ᵉ éd. 10 fr.
M. Foucault.
La psychophysique. 7 fr. 50
Le rêve. 5 fr.
Alf. Fouillée.
Liberté et déterminisme.5ᵉ éd. 7 fr.50
Critique des systèmes d- morale
contemporains. 5ᵉ éd. 7 fr. 50
La morale, l'art et la religion, d'a-
près Guyau. 6ᵉ éd. 3 fr. 75
L'avenir de la métaphysique. 2ᵉ éd.
5 fr.
Évolutionnisme des idées-forces.
4ᵉ éd. 7 fr. 50
La psychologie des idées-forces.
2ᵉ édit. 2 vol. 15 fr.
Tempérament et caractère. 3ᵉ éd.
7 fr.50
Le mouvement idéaliste.2ᵉ éd.7 fr. 50
Le mouvement positiviste.2ᵉ éd. 7.50
Psych.du peuple français. 3ᵉ éd. 7.50
La France au point de vue moral.
3ᵉ édit. 7 fr. 50
Esquisse psychologique des peu-
ples européens. 4ᵉ édit. 10 fr.
Nietzsche et l'immoralisme. 2ᵉ éd.
5fr.
Le moralisme de Kant et l'amora-
lisme contemporain. 2ᵉ éd. 7 fr.50
Eléments sociol. de la morale.
2ᵉ édit. 7 fr. 50
La morale des idées-forces. 7 fr. 50
E. Fournière.
Théories social.au XIXᵉ siècle. 7 fr.50
G. Fulliquet.
L'obligation morale. 7 fr. 50
Garofalo.
La criminologie. 5ᵉ édit. 7 fr. 50
La superstition socialiste. 5 fr.

L. Gérard-Varet.
L'ignorance et l'irréflexion.   5 fr.
E. Gley.
Études de psycho-physiologie. 5 fr.
E. Goblot.
La classification des sciences. 5 fr.
G. Gory.
L'immanence de la raison dans la
connaissance sensible.   5 fr.
R. de la Grasserie.
De la psychologie des religions. 5 fr.
J. Grasset.
Demifous et demiresponsables. 5 fr.
Introduction physiologique à l'étude
de la philosophie.   5 fr.
G. de Greef.
Le transformisme social. 2e éd. 7 fr. 50
La sociologie économique. 3 fr. 75
K. Groos.
Les jeux des animaux.   7 fr. 50
Gurney, Myers et Podmore
Les hallucin. télépath. 4e éd. 7 fr. 50
Guyau.
La morale angl. cont. 5e éd. 7 fr. 50
Les problèmes de l'esthétique con-
temporaine. 6e éd.   5 fr.
Esquisse d'une morale sans obli-
gation ni sanction. 9e éd.   5 fr.
L'irréligion de l'avenir. 13e éd. 7 fr. 50
L'art au point de vue social. 8e éd.
                7 fr. 50
Éducation et hérédité. 10e éd. 5 fr.
E. Halévy.
La form. du radicalisme philos.
  I. *La jeunesse de Bentham.* 7 fr. 50
  II. *Évol. de la doctr. utilitaire,*
  1789-1815.   7 fr. 50
  III. *Le radicalisme philos.* 7 fr. 50
O. Hamelin.
Les éléments de la représentation.
                7 fr. 50
Hannequin.
L'hypoth. des atomes. 2e éd. 7 fr. 50
Études d'histoire des sciences et
d'histoire de la philosophie.
2 vol.   15 fr.
P. Hartenberg.
Les timides et la timidité. 2e éd. 5 fr.
Physionomie et caractère.   5 fr.
Hébert.
Évolut. de la foi catholique. 5 fr.
Le divin.   5 fr.

C. Hémon.
Philos. de Sully Prudhomme. 7 fr. 50
G. Hirth.
Physiologie de l'art.   5 fr.
H. Höffding.
Esquisse d'une psychologie fondée
sur l'expérience. 4e édit. 7 fr. 50
Hist. de la philos. moderne. 2e édit.
2 vol.   20 fr.
Philosophie de la religion. 7 fr. 50
Ioteyko et Stefanowska.
Psycho et physiologie de la
douleur.   5 fr.
Isambert.
Les idées socialistes en France
(1815-1848).   7 fr. 50
Izoulet.
La cité moderne. 7e édit.   10 fr.
Jacoby.
La sélect. chez l'homme. 2e éd. 10 fr.
Paul Janet.
Œuvres philosophiques de Leibniz.
2e édition. 2 vol.   20 fr.
Pierre Janet.
L'automatisme psychol. 5e éd. 7 fr. 50
J. Jastrow.
La subconscience.   7 fr. 50
J. Jaurès.
Réalité du monde sensible. 2e édit.
                7 fr. 50
Karppe.
Études d'hist. de la philos. 3 fr. 75
A. Keim.
Helvétius.   10 fr.
P. Lacombe.
Individus et sociétés selon Taine.
                7 fr. 50
A. Lalande.
La dissolution opposée à l'évolu-
tion.   7 fr. 50
Ch. Lalo.
Esthétique musicale scientifique. 5 f.
L'esthétique expérim. cont. 3 fr. 75
A. Landry.
Principes de morale rationnelle. 5 fr.
De Lanessan.
La morale naturelle.   10 fr.
La morale des religions.   10 fr.
Lang.
Mythes, cultes et religions. 10 fr.

P. Lapie.

Logique de la volonté.   7 fr. 50

Lauvrière.

Philosophes contemporains. 2e édit.
                          3 fr. 75

E. de Laveleye.

De la propriété et de ses formes
  primitives. 5e édit.   10 fr.
Le gouvernement dans la démocratie. 3e éd. 2 vol.   15 fr.

Gustave Le Bon.

Psych. du socialisme. 5e éd. 7 fr. 50

G. Lechalas.

Études esthétiques.   5 fr.

Lechartier.

David Hume, moraliste et socio-
  logue.   5 fr.

Leclère.

Le droit d'affirmer.   5 fr.

F. Le Dantec.

L'unité dans l'être vivant. 7 fr. 50
Limites du connaissable. 3e édit.
                          3 fr. 75

Xavier Léon.

La philosophie de Fichte.   10 fr.

Leroy (E.-B.).

Le langage.   5 fr.

A. Lévy.

La philosophie de Feuerbach. 10 fr.
Edgar Poë. Sa vie. Son œuvre. 10 fr.

L. Lévy-Bruhl.

La philosophie de Jacobi.   5 fr.
Lettres de Stuart Mill à Comte. 10 fr.
La philos. d'Aug. Comte. 2e éd. 7 fr. 50
La morale et la science des
  mœurs. 3e éd.   5 fr.

Liard.

Science positive et métaphysique.
  4e édit.   7 fr. 50
Descartes. 2e édit.   5 fr.

H. Lichtenberger.

Richard Wagner, poète et penseur.
  4e édit.   10 fr.
Henri Heine penseur.   3 fr. 75

Lombroso.

La femme criminelle et la prostituée
  1 vol. avec planches.   15 fr.
Le crime polit. et les révol. 2 v. 15 f.
L'homme criminel. 3e édit. 2 vol.,
  avec atlas.   36 fr.
Le crime. 2e éd.   10 fr.

E. Lubac.

Système de psychol. rationn. 3 fr. 75

G. Luquet.

Idées générales de psychol.   5 fr.

G. Lyon.

L'idéalisme en Angleterre au XVIIIe
  siècle.   7 fr. 50
Enseignement et religion. 3 fr. 75

P. Malapert.

Les éléments du caractère. 2e éd. 5 fr.

Marion.

La solidarité morale. 6e édit. 5 fr.

Fr. Martin.

La perception extérieure et la
  science positive.   5 fr.

J. Maxwell.

Les phénomènes psych. 4e éd. 5 fr.

E. Meyerson.

Identité et réalité.   7 fr. 50

Max Muller.

Nouv. études de mythol.   12 fr. 50

Myers.

La personnalité humaine. 2e éd. 7.50

E. Naville.

La logique de l'hypothèse. 2e éd. 5 fr.
La définition de la philosophie. 5 fr.
Les philosophies négatives.   5 fr.
Le libre arbitre. 2e édition.   5 fr.

J.-P. Nayrac.

L'attention.   3 fr. 75

Max Nordau.

Dégénérescence. 2 v. 7e éd. 17 fr. 50
Les mensonges conventionnels de
  notre civilisation. 10e éd. 5 fr.
Vus du dehors.   5 fr.

Novicow.

Luttes entre soc. humaines. 2e éd. 10 f.
Gaspillages des soc. mod. 2e éd. 5 fr.
Justice et expansion de la vie. 7 fr. 50

H. Oldenberg.

Le Bouddha. 2e éd.   7 fr. 50
La religion du Véda.   10 fr.

Ossip-Lourié.

La philosophie russe contemp. 5 fr.
Psychol. des romanciers russes au
  XIXe siècle.   7 fr. 50

Ouvré.

Form. littér. de la pensée grecq. 10 fr.

G. Palante.

Combat pour l'individu.   3 fr. 75

Fr. Paulhan.

Les caractères. 3e édition.   5 fr.
Les mensonges du caractère.   5 fr.
Le mensonge de l'art.   5 fr.

Payot.

L'éducation de la volonté.31e éd.5 fr.
La croyance. 2e éd.   5 fr.

Jean Pérès.

L'art et le réel.   3 fr. 75

Bernard Perez.

Les trois premières années de l'enfant. 5e édit.   5 fr.
L'enfant de 3 à 7 ans. 4e éd.   5 fr.
L'éd. mor. dès le berceau. 4e éd. 5 fr.
L'éd. intell.dès le berceau.2e éd.5 fr.

C. Piat.

La personne humaine.   7 fr. 50
Destinée de l'homme.   5 fr.

Picavet.

Les idéologues.   10 fr.

Piderit.

La mimique et la physiognomonie,
avec 95 fig.   5 fr.

Pillon.

L'année philos. 19 vol., chacun. 5 fr.

J. Pioger.

La vie et la pensée.   5 fr.
La vie sociale, la morale et le progrès.   5 fr.

L. Prat.

Le caractère empirique et la personne.   7 fr. 50

Preyer.

Éléments de physiologie.   5 fr.

L. Proal.

Le crime et la peine. 3e éd.   10 fr.
La criminalité politique. 2e éd. 5 fr.
Le crime et le suicide passionnels.   10 fr.

G. Rageot.

Le succès.   3 fr. 75

F. Rauh.

De la méthode dans la psychologie des sentiments. 2e éd. 5 fr.
L'expérience morale.   3 fr. 75

Récéjac.

La connaissance mystique.   5 fr.

G. Renard.

La méthode scientifique de l'histoire littéraire.   10 fr.

Renouvier.

Les dilem. de la métaph. pure. 5 fr.
Hist. et solut. des problèmes métaphysiques.   7 fr. 50
Le personnalisme.   10 fr.
Critique de la doctrine de Kant. 7.50
Science de la morale. Nouvelle édit. 2 vol.   15 fr.

G. Revault d'Allonnes.

Psychologie d'une religion.   5 fr.
Les inclinations.   3 fr. 75

A. Rey.

La théorie de la physique chez les physiciens contemp. 7 fr. 50

Ribéry.

Classification des caractères. 3 fr.75

Th. Ribot.

L'hérédité psycholog. 8e éd. 7 fr. 50
La psychologie anglaise contemporaine. 3e éd.   7 fr. 50
La psychologie allemande contemporaine. 6e éd.   7 fr. 50
La psych. des sentim. 7e éd, 7 fr.50
L'évol.des idées générales.2e éd.5 fr.
L'imagination créatrice. 3e éd. 5 fr.
Logique des sentiments.2e éd. 3 f. 75
Essai sur les passions. 2e éd. 3 fr. 75

Ricardou.

De l'idéal.   5 fr.

G. Richard.

L'idée d'évolution dans la nature et dans l'histoire.   7 fr. 50

H. Riemann.

Elém. de l'esthétiq. musicale. 5 fr.

E. Rignano.

Transmissibilité des caractères acquis.   5 fr.

A. Rivaud.

Essence et existence chez Spinoza.   3 fr. 75

E. de Roberty.

Ancienne et nouvelle philos. 7 fr. 50
La philosophie du siècle.   5 fr.
Nouveau programme de sociol. 5 fr.
Sociologie de l'action.   3 fr. 75

F. Roussel-Despierres.

Liberté et beauté.   7 fr. 50

Romanes.

L'évol. ment. chez l'homme. 7 fr. 50

Russell.

La philosophie de Leibniz. 3 fr. 75

Ruyssen.

Évolut. psychol. du jugement. 5 fr.

A. Sabatier.

Philosophie de l'effort. 2e éd. 7 fr. 50

Emile Saigey.

La physique de Voltaire. 5 fr.

G. Saint-Paul.

Le langage intérieur. 5 fr.

E. Sanz y Escartin.

L'individu et la réforme sociale. 7.50

Schopenhauer.

Aphorismes sur la sagesse dans la vie. 9e éd. 5 fr.
Le monde comme volonté et représentation. 5e éd. 3 vol. 22 fr. 50

Séailles.

Ess. sur le génie dans l'art. 2e éd. 5 fr.
Philosoph. de Renouvier. 7 fr. 50

Sighele.

La foule criminelle. 2e édit. 5 fr.

Sollier.

Psychologie de l'idiot et de l'imbécile. 2e éd. 5 fr.
Le problème de la mémoire. 3 fr 75
Le mécanisme des émotions. 5 fr.

Souriau.

L'esthétique du mouvement. 5 fr.
La beauté rationnelle. 10 fr.

Spencer (Herbert).

Les premiers principes. 9e éd. 10 fr.
Principes de psychologie. 2 vol. 20 fr.
Princip. de biologie. 5e éd. 2 v. 20 fr.
Princip. de sociol. 5 vol. 43 fr. 75
  I. *Données de la sociologie*, 10 fr. —
  II. *Inductions de la sociologie.*
  Relations domestiques, 7 fr. 50. —
  III. *Institutions cérémonielles et politiques*, 15 fr. — IV. *Institutions ecclésiastiques*, 3 fr. 75.
  — V. *Institutions professionnelles*, 7 fr. 50.
Justice. 3e éd. 7 fr. 50
Rôle moral de la bienfaisance. 7.50
Morale des différents peuples. 7.50

Problèmes de morale et de sociologie. 2e éd. 7 fr. 50
Essais sur le progrès. 5e éd. 7 fr. 50
Essais de politique. 4e éd. 7 fr. 50
Essais scientifiques. 3e éd. 7 fr. 50
De l'éducation. 13e édit. 5 fr.
Une autobiographie. 10 fr.

P. Stapfer.

Questions esthétiques et religieuses
3 fr. 75

Stein.

La question sociale au point de vue philosophique. 10 fr.

Stuart Mill.

Mes mémoires. 5e éd. 5 fr.
Système de logique. 2 vol. 20 fr.
Essais sur la religion. 4e édit. 5 fr.
Lettres à Auguste Comte. 10 fr.

James Sully.

Le pessimisme. 2e éd. 7 fr. 50
Etudes sur l'enfance. 10 fr.
Essai sur le rire. 7 fr. 50

Sully Prudhomme.

La vraie religion selon Pascal. 7 f. 50

G. Tarde.

La logique sociale. 3e édit. 7 fr. 50
Les lois de l'imitation. 5e éd. 7 fr. 50
L'opposition universelle. 7 fr. 50
L'opinion et la foule. 2e édit. 5 fr.
Psychologie économique. 2 vol. 15 fr.

Em. Tardieu.

L'ennui. 5 fr.

P.-Félix Thomas.

L'éducation des sentiments. 4e éd.
5 fr.
Pierre Leroux. Sa philosophie. 5 fr.

Et. Vacherot.

Essais de philosophie critique. 7 f. 50
La religion. 7 fr. 50

I. Waynbaum

La physionomie humaine. 5 fr.

L. Weber.

Vers le positivisme absolu par l'idéalisme. 7 fr. 50

1647-09. — Coulommiers, Imp. PAUL BRODARD. — P12-09.

Guyot (Yves). Les préjugés économiques.

Henneguy. Histoire de l'Italie depuis 1815 jusqu'à nos jours.

Huxley. Premières notions sur les sciences. 4e édit.

Jevons (Stanley). L'économie politique. 10e édit.

Jouan. Les îles du Pacifique.
— La chasse et la pêche des animaux marins.

Jourdan (J.). La justice criminelle en France. 2e édit.

Jourdy. Le patriotisme à l'école. 3e édit.

Larbalétrier (A.). L'agriculture française (avec fig.).
— Les plantes d'appartement, de fenêtres et de balcons (avec fig.).

Larivière (Ch. de). Les origines de la guerre de 1870.

Larrivé. L'assistance publique en France.

Laumonier (Dr J.). L'hygiène de la cuisine.

Leneveux. Le budget du foyer. Économie domestique. 3e édit.
— Le travail manuel en France. 2e édit.

Lévy (Albert). Histoire de l'air (avec fig.). 3e édit.

Lock (F.). Jeanne d'Arc (1429-1431). 3e édit.
— Histoire de la Restauration. 5e édit.

Mahaffy. L'antiquité grecque (avec fig.).

Maigne. Les mines de la France et de ses colonies.

Mayer (G.). Les chemins de fer (avec fig.).

Merklen (P.). La Tuberculose ; son traitement hygiénique.

Meunier (G.). Histoire de la littérature française. 4e éd.
— Histoire de l'art ancien, moderne et contemporain (avec fig.).

Mongredien. Histoire du libre-échange en Angleterre.

Monin. Les maladies épidémiques. Hygiène et prévention (avec fig.).

Morin. Résumé populaire du code civil, 6e édit., avec un appendice sur *la loi des accidents du travail* et la *loi des associations.*

Noël (Eugène). Voltaire et Rousseau. 5e édit.

Ott (A.). L'Asie occidentale et l'Égypte. 2e édit.

Paulhan (F.). La physiologie de l'esprit. 5e édit. (avec fig.)

Paul Lewis. Les lois ouvrières dans les deux mondes.

Petit. Économie rurale et agricole.

Pichat (L.). L'art et les artistes en France. (*Architectes, peintres et sculpteurs*). 5e édit.

Quesnel. Histoire de la conquête de l'Algérie.

Raymond (E.). L'Espagne et le Portugal. 3e édit.

Regnard. Histoire contemporaine de l'Angleterre depuis 1815 jusqu'à nos jours.

Renard (G.). L'homme est-il libre ? 6e édit.

Robinet. La philosophie positive. A. Comte et P. Laffitte. 6e éd.

Rolland (Ch.). Histoire de la maison d'Autriche. 3e édit.

Sérieux et Mathieu. L'Alcool et l'alcoolisme. 4e édit.

Spencer (Herbert). De l'éducation. 13e édit.

Turck. Médecine populaire. 7e édit.

Vaillant. Petite chimie de l'agriculteur.

Zaborowski. L'origine du langage. 7e édit.
— Les migrations des animaux. 4e édit.
— Les grands singes. 2e édit.
— Les mondes disparus (avec fig.). 4e édit.
— L'homme préhistorique. 7e édit. (avec fig.)

Zevort (Edg.). Histoire de Louis-Philippe. 4e édit.

Zurcher (F.). Les phénomènes de l'atmosphère. 7e édit.

Zurcher et Margollé. Télescope et microscope. 3e édit.
— Les phénomènes célestes. 2e éd.

BIBLIOTHÈQUE UTILE

www.ingramcontent.com/pod-product-compliance
Lightning Source LLC
Chambersburg PA
CBHW072229270326
41930CB00010B/2060